그대
산목련 향기를
듣는가

그대
산목련 향기를
듣는가

초판 인쇄 · 2000년 6월 15일
초판 발행 · 2000년 6월 20일

지은이 · 석명정
펴낸이 · 최정헌
펴낸곳 · **좋은날**
주소 · 서울시 서대문구 충정로 3가 8-5호 동아 아트 1층
Tel · 392-2588~9
Fax · 313-0104

등록일자 · 1995년 12월 9일
등록번호 · 제 13-444호

값은 표지 뒷면에 있습니다.
ISBN 89-86894-72-6 03810

*잘못된 책은 바꿔 드립니다.
*저자와의 협의에 의해 인지를 생략합니다.

마·음·속·의·禪·을·찾·아·서

그대 산목련 향기를 듣는가

석명정 지음

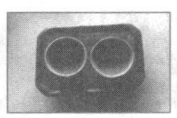    

좋은날

■ 머리말

세상에 베푸는 차 한 잔의 향훈

영축산 통도사 극락암의 고원(古園) 명정(明正) 화상이 다선일미(多禪一味)의 경지에 다가가서 그 자적(自適)을 누리는 한편 이를 세상에 펼치는 일도 할 차례가 되어 무릇 그를 따르는 다현(茶賢)이 적지 않은 줄로 알고 있다.

'차나 한 잔!' 이라면 우리 상고시대에는 도의와 산수 탐방의 요목(要目)에서 다도가 비롯되고 중국의 당조(唐朝) 육우(陸羽)에 의한 『다경(茶經)』은 중용검덕(中庸儉德)을 그 주지로 삼았다.

안진경(顏眞卿)이 그런 다성(茶聖)에게 다정(茶亭)을 지어 바친 것도 과연 높은 풍류 정신에 값한다.

우리 중세 고려의 다도는 망형(忘形)의 사상을 낳아 아집의 형체를 잊고 무위 자연에 이르러 그것이 청자의 다기(茶器)에도 스며들었다.

이것이 조선 말기에 이르러 다산(茶山)·추사(秋史)와 다도를 중흥한 초의(草衣) 선사에 의해서 『다신전(茶神傳)』의 묘의(妙義)로 전해 오고 있다.

오죽했으면 장마철 비가 올 때 지붕이 새어 우산을 받고 살아야 하는 그 청빈의 음다(飮茶)로서 비우사상(庇雨思想)과 비우당(庇雨堂)의 다도가 남았겠는가.

바로 이를 이어 이 시절의 선당각처(禪堂各處)에서는 차

한 잔의 선기(禪機)에 무아의 법(法)과 정(情)을 구족하게 되니 어찌 이를 세간의 사치라 하겠는가.

> 녹차의 어린 이파리 한 봉지
> 이것이 우러나
> 이렇게도 원숙한가

서럽다. 화두 30년.

　나는 지난 해 이런 지음(知吟)을 내보였거니와 이제 명정 화상은 극락암 방선좌망시(放禪坐忘時) 다도(茶道)를 베풀어 세상에 그 향훈을 내풍겨주고 있다.
　우리의 명정께서는 어찌 이뿐인가. 그 헌헌 장부의 운수 행각에도 감히 따를 자 드물거늘 하물며 그의 벼랑 끝에 나앉은 차 한 잔의 위엄이 능히 천 리 밖에 닿아 있다.
　자, 그의 차 이야기는 설법도 설법이려니와 그와 더불어 그 고졸무애(古拙無碍)한 차 한 잔을 두고 모두 적정(寂靜)을 깨뜨려 가가대소(呵呵大笑)를 마다하지 않으리.
　거기에 야반삼경(夜半三更)의 경봉(鏡峰) 대종장(大宗匠)이 현신(現身)하시매 그것이 일소(一笑)로써 삼소(三笑)를 낳는 바 아니겠는가.
　덩달아 만해(萬海) 용운(龍雲) 선덕(禪德)께서도 "차 한 잔 드시구려〔可賞一杯茶〕"라고 한 말씀 토하는 데 바로 거기에 다걸(茶傑) 명정(明正)이 이미 앉아 있구나!

고은

| 차 례 |

- ■ 머리말 - 세상에 베푸는 차 한 잔의 향훈 · **04**
- 화두話頭란 설명해서도, 설명할 수도 없는 것 · **11**
- 참선은 비사량처非思量處요 식정난측識情難測이다 · **14**
- 누구에게나 수행의 좋은 기회는 있다 · **18**
- 『수심결修心訣』 살림살이 · **22**
- 차 한 잔의 의미 · **29**
- 선가禪家의 가풍(1) · **35**
- 선가禪家의 가풍(2) · **42**
- 등은봉鄧隱峰 스님 이야기 · **46**
- 선가禪家의 가풍(3) · **51**
- 파자선婆子禪 · **57**
- 적수도인과 무착도인 · **60**
- 밭 가는 부인의 선문답 · **63**
- 능행파 이야기 · **68**
- 선화禪話(1) · **74**
- 선화禪話(2) · **81**

선화禪話(3) · 87
선화禪話(4) · 95
선화禪話(5) · 102
선화禪話(6) · 108
선화禪話(7) · 115
선화禪話(8) · 122
삼독三毒 번뇌를 버리고 · 129
생활 속의 진리(1) · 136
생활 속의 진리(2) · 139
선방의 염화艶話 · 142
칼 · 144
차茶 이야기, 선禪 이야기 · 150
조주의 청다清茶, 끽다거喫茶去 · 156
고요히 사유思惟하는 그것에서부터 · 161
이 땅은 축복받은 땅 · 168
막신일호莫神一好, 그 보물 같은 수칙 · 174

맞기 힘든 매 · *178*
밤을 지새우며 정진한 청매靑梅 조사 · *184*
경봉 노스님의 음성은 지금도 여운으로 남는데 · *189*
고금古琴 노인의 푸근한 다풍茶風 · *194*
한 잔 차맛에는 우주만상의 진리가 있느니 · *199*
선의 경지는 마치 소옥을 부르는 소리와 같아 · *204*
하늘과 땅, 누구의 물건인가 · *212*
발밑을 보시오 · *220*
그대 산목련 향기를 듣는가 · *225*
그대 왜 그런지 궁금한가 · *232*
보는 것을 받아들이는가 · *238*
시간을 헛되이 보내지 말라 · *242*
한용운 스님과 심우장 · *247*
경봉 스님과 장지연 선생 · *250*
달마 대사의 생애와 사상 · *257*

■ 발문 – 차(茶)의 맛, 선(禪)의 맛 · *261*

"공안(公案)을 해설하다니"
"그때 다만 나에게 설파해 주지 않은 것을 소중히 여길 뿐"
— 동산양개 화상

사월 보름. 극락선원에서 동안거 결제한 지도 벌써 한 달이 다되어 간다.
〈불일회보〉에서 선(禪)에 관한 글을 부탁 받았는데 생각해 보니 선의 어록 또는 법어, 선문답 등등 제 아무리 훌륭하게 한 것이라도 실제로 참고하는 것에 지나지 않는다. 대중이 모여서 여법히 시간 지키며 정진하는 것보다 더 훌륭한 법회는 없는 것이다. 정진하는 그 자체가 종사의 설법이며 천고만고의 대선문답이며 그야말로 영산회상(靈山會相)인 것이다. 포단 위에 좌선하는 수좌들의 일념 거각(擧覺)하는 곳에서 그 모든 회상들이 일어났다 꺼졌다 하기 때문이다. 그 시간을 할애해서 일으키는 망상이 어떠한 갈등인지 시작을 해보자.

화두話頭란 설명해서도, 설명할 수도 없는 것

　당대(唐代)의 동산(洞山)이 운암(雲岩)의 기일(忌日)에 공양을 마련하고 법상에 올랐는데 어떤 중이 나와서 묻되,
　"화상은 운암에게 어떤 지시를 얻었습니까?" 하니,
　"거기에 있기는 했지만 아무런 지시도 받지 못했노라."
　"아무런 지시도 받지 못했다면 어째서 그를 위해 재를 마련하셨습니까?"
　"그를 배반할 수는 없지 않은가?"
　"화상은 이미 남천(南泉)에게서 발심했는데 어째서 운암의 제사를 차렸습니까?"
　"나는 선사의 도덕을 소중히 여기는 것도 아니며, 선사의 불법을 소중히 여기는 것도 아니며, 다만 그때 나에게 설파해 주지 않은 것을 소중히 여길 뿐이니라."
　일본의 구택대학은 조동종(曹洞宗) 계통인데 조동종의 종조는 동산양개 화상이다. 이 구택대학에서 『선학대사전

(禪學大辭典)』이라는 책을 약 30여 년 걸려서 만들었는데 조사의 공안을 전부 해설하여 놓았다. 그러니 얼마나 우스운 일인가. 종조는 화두란 절대로 설명해서는 안 되고 설명할 수도 없는 것이라 했는데 그 후손들이 모조리 설파를 해놓았으니 0점 이하의 선종가풍밖에 될 수 없는 것이다.

지난 가을 내내 선사(先師) 경봉(鏡峰) 스님의 말씀이 담긴 녹음테이프의 내용을 녹취하여 책으로 엮었다. 장장 열 시간이나 되는 내용이었다. 사투리와 한문 게송, 그리고 중요한 부분을 확실하게 듣자는 뜻이었다. 시자 때부터 익히 듣고 또 그뒤 문집으로 편집도 하고 해서 잘 아는 내용들이었다. 그러나 되풀이 하고, 또 되풀이 해서 들어야 하는 녹취과정에서 새삼 놀라운 발견을 하였다. 간화

선(看話禪=話頭工夫)에 있어서 자꾸만 어쨌든지 둔공(鈍功)을 들이라는 노사의 말씀에 절로절로 쇠가 벌겋게 달아오르는 듯한 감동을 느끼는 것은 진정 신비할 지경이었다.

"한 곳으로 한 곳으로 의심해 가고 의심해 가면 결정적인 시기가 와, 결정적인 시기가!"

"그저 한 생 안 난 요량하고 죽자 사자 해봐. 사람놀이 잘 할라 하면 이 공부 못해. 그저 한 생 안 난 요량하고 죽자 사자 해야 돼!"

노사의 말씀이 강조될 때마다 철저한 발심과 이 길밖에는 할 일이 없다는 확고부동한 신념이 불길같이 일어나는 것이었다. 미쳐도 외곬으로 미쳐야 하는 막신일호(莫神一好)의 고마움이 새삼 느껴지는 것이었다.

참선은 비사량처非思量處요 식정난측識情難測이다

　참선이란 무엇을 인식하려는 학문은 결단코 아니다. 이 공부는 오히려 알고 있는 것까지도 털어버리는, 식정(識情)이 고목나무처럼 되어가는 그런 공부이다. 비사량처요 식정난측이라, 사량(思量)이나 식정으로 어찌할 수 없는 것이다.
　경허(鏡虛) 스님도 전염병이 돌아서 죽음 직전의 공동묘지와도 같은 마을에서 커다란 충격 끝에 스스로 생각하고 "금생에 차라리 바보가 될지언정 문자에 구속되지 않고 조도(祖道)를 찾아 삼계를 벗어나리라." 하였다. 그리고 평소에 읽은 공안을 생각해 보니 이리저리 의해(義解)로 배우던 습성이 있어서 지해(知解)로 따져지므로 참구(參究)할 분(分)이 없었다. 그러나 오직 영운(靈雲) 스님이 들어보인 '여사미거 마사도래(驢事未去 馬事到來)', 즉 '나귀의 일이 끝나지 않았는데 말의 일이 닥쳐왔다'는

화두는 해석도 안 되고 은산철벽에 부딪힌 듯하여 '이것이 무슨 도리인가?' 하고 참구하였다.

문을 폐쇄하고 단정히 앉아 오로지 일심으로 참구했는데 밤으로 졸리면 송곳으로 허벅지를 찌르거나 칼을 갈아 턱에 괴며 삼 개월 동안 순일무잡하게 화두를 들었다.

요즈음도 선방에서 간혹 어떤 수좌가 경허의 흉내를 낸다고 칼을 갈아 턱에 괴는데 졸음이 오면 다시 정신을 수습하던가 아니면 조금 찔리든가 해서 보다 용맹스럽게 정진을 할 일이지 졸리우면 칼을 옆으로 비켜 세우니 봉사 잠 자나마나다.

그렇게 대용맹정진 끝에 잠자는 것도 밥 먹는 것도 잊은 대무심지의 경지에서 '소가 코가 없다'라는 말에 대해 경천 동지(驚天動地)의 대오(大悟)를 한 것이다.

경허 스님은 전주 자동리에서 탄생하였는데 분만 3일까지 울지 않다가 목욕을 시키자 비로소 아기의 소리를 내니 사람들이 모두 신기하게 여겼다 한다. 수행을 많이 쌓은 사람은 삼태(三胎), 즉 입태(入胎), 주태(住胎), 출태(出胎)에 매(昧)하지 않는다고 한다. 즉 생과 사가 둘이 아니고 거래(去來)가 둘이 아닌, 모든 대대(對對)가 끊어진 무생(無生)의 이치를 철저하게 깨닫고 자성(自性)하는 자리를 활연히 알고 죽으면 누구의 태중에 들어가면서 출태 할 때까지 매하지 않는다고 한다. 경허가 태어나서 3일 동안 울지 않은 것도 여기에 해당되는 도인이기 때문인 듯하다.

누구에게나 수행의 좋은 기회는 있다

　누구나 다 수행하기 좋은 기회는 한 번쯤 주어지는가 보다. 그런데 용기도 모자라고 또한 수행하려는 의지가 부족해서 그만 업장에 끄달려 업대로 한 세상 살다 가는가 보다.
　그것이 얼마나 어려운가 하면, 『선요(禪要)』의 고봉(高峰) 스님 말씀에 "만일 이 일의 적실하게 공부함을 말하자면 마치 감옥 속의 사형수가, 문득 간수가 술에 취해 졸고 있는 기회를 만나 큰 칼과 수갑을 부수어버리고 밤새도록 도망갈 적에, 길에 독룡과 사나운 범이 많더라도 곧장 한결같이 앞으로만 달아나 마침내 무서워하는 마음이 없게 되는 것과 같다. 왜냐하면 한결같이 간절한 마음뿐이기 때문이다. 공부를 할 적에 과연 그와 같은 간절한 마음이 있다면 백발백중 성취할 것이다. 지금에 명중시키는 이가 있는가! 털끝만치 어긋나도 하늘과 땅처럼 차이가 생기느니라" 하였다.

선사 경봉 스님은 강원을 졸업하고 나자 사중양식 먹고 공부를 하였으니 종무소에 소임을 살아야 했다.

강원에서 경(經) 볼 적에 '종일수타보(終日數他寶) 자무반전분(自無半錢分)'이라 '하루 종일 남의 보배[경(經)]를 세나 나에게는 반푼어치의 이익도 없다'라는 말에 발심이 되어서 강원 학인 때에도 조석으로 30분씩 혼자 앉아서 정진하였다 한다.

부처님 경전이 좋고 옛 조사의 어록이 아무리 좋아도 문자이고 말이지 나의 보물이 못 된다는 말이다. 자기가 직접 수행을 쌓아서 최후 마지막 경계인 견성(見性) 경지에 가야지 궁극적인 자기의 살림살이가 된다는 그런 구절인 것이다. 이미 이 구절에 발심이 되어서 종무소에서 사무를 보고 있어도, 마음은 콩밭에 가 있는 새와 같아서 달이 휘영청 밝은 밤에 걸망을 싸 짊어지고 "통도사야 잘 있거라. 나는 공부하러 떠난다." 하고 야반도주하였다.

처음에는 내원선원 혜

월(慧月)을 찾아뵙고 해인사 퇴설당, 직지사, 금강산 마하연 등지로 행각하다가 돌아오니, 은사 스님이 공부하러 간다고 야반도주까지 하였으니 어디 원없이 실컷 해보라고 안양암에서 지내게 하였다.

  스님 말씀하시는 것을 시자 때 더러 들은 기억이 나는데 아마 이때가 스님께서 공부가 익은 시절이 아닌가 생각된다. 그저 밥 먹으면 변소 가는 시간 외엔 밤낮 가리지 않고 정진하셨다고 한다. 공부가 순숙하게 익는 시절, 생각만 있고 인연이 있으면 누구에게나 그렇게 좋은 기회가 있는 것이니, 그런 기회가 와 닿거든 물불 가리지 말고 매진해야 되지 않겠는가. 몇 생에 한 번 올까 말까한 맹구우목(盲龜遇木)과도 같은 절대절명의 좋은 기회가 아니겠는가.

『수심결修心訣』 살림살이

큰 스님(경봉 노사) 시자 때 보조(普照) 국사의 『수심결(修心訣)』 산림(山林)을 결제 중에 큰 스님께서 하신 일이 있었다.
30여 년 전 일이지만 마치 한 폭의 그림처럼 회상된다.
다음은 공적영지(空寂靈知)에 관한 『수심결』 법문이다.
"제법개공지처(諸法皆空之處)에 영지불매(靈知不昧)하니……."
자상하신 노사의 음성이 귓전에 들리는 듯하다.

"어떤 것이 공적영지지심(空寂靈知之心)입니까?"
"모든 법이 모든 공한 곳을 신령스럽게 하니 이 텅 비어 고요하고 신령스러움을 아는 마음이 곧 너의 본래면목(本來面目)이며 과거·현재·미래의 모든 부처님과 역대의 조사와 천하의 선각자들이 은밀히 서로 전하신 법인(法

人)이니라. 만일  이 마음을 깨치면 계제(階梯)를 밟지 아니하고 바로 부처님 경지에 올라가 걸음걸음이 삼계(三界)에 뛰어나게 되며 본분의 집으로 돌아가 의심이 단박에 끊나니라.

 문득 하늘과 사람의 스승이 되어 중생들이 고해에 빠진 걸 슬퍼하는 것과 지혜가 서로 도와 나와 남을 이롭게 하는 것이 구족(具足)하여 능히 하늘과 사람의 묘공(妙供)을 받음을 감당하되 날로 황금 만 냥을 녹일 것이니 네가 만일 이와 같을 진덴 참으로 대장부라. 일생의 일을 능히 마치리라."

 "나의 분상에 의거하건데 어떤 것이 공적영지지심(空寂靈知之心)입니까?"

 "네가 이제 내게 묻는 것이 너의 공적영지지심이어늘 어찌 돌이켜 비추지 않고 오히려 밖으로 찾는고? 내가 이제 너의 분상에 의거하여 바로 본래 마음을 가리켜 너로 하여금 깨치게 하리라. 네가 마음을 깨끗이 하여 나의 말을 들으라. 아침부터 날이 저물 때까지 보고 듣고, 웃으며 말하고, 화를 내거나 즐거워하거나 시비하며 가지가지 베풀어 움직이나니 필경 누가 들어서 이렇듯 움직이는가?

만일 어떤 이가 목숨을 바칠 때가 되어 숨이 붙어 있음에도 눈이 보이지 아니하고 귀가 들리지 아니하고 코가 향내를 분별하지 아니하고 혀가 말하지 아니한다면 이는 무엇 때문이냐? 이 능히 보고 듣고 동작하는 것이 반드시 너의 본래 마음이 그렇게 한 것이요, 너의 몸이 그러한 것이 아니기 때문이다. 하물며 이 색신은 지수화풍 사대(四大)의 성질이 허망하여 거울에 비친 영상 같으며 물에 비친 달 같으니, 그 몸이 어찌 능히 요요(了了)히 밝고 어둡지 아니함을 느껴 많고 많은 항하사 모래수와 같은 묘용(妙用)을 통하리오. 그런 고로 말씀하시되 신통과 아울러 묘용이란 물 긷고 나무하는 것이라 하니라.

곧 통달한 사람의 분상에 정(定)과 혜(慧)가 균등히 있는 뜻은 공용(功用)에 떨어지지 아니한 것이라 원래로 하염없이 다시 특별히 할 시절이 없다. 그래서 형색을 볼 때, 소리를 들을 때에도 다만 이러하며, 옷 입고 밥 먹을 때에도 다만 이러하며, 대소변 볼 때도 다만 이러하며, 사람을 대하여 말할 때에도 다만 이러하다. 또한 혹 말하거나 잠잠하며 혹 즐겁거나 성내는 데 이르러 어느 때든지 전부 이와 같이 하되, 빈 배를 물에 띄우매 높은 데는 배도 높이 뜨고 낮은 데는 배도 낮게 뜨는 것과 같이, 또 산에서 흐르는 물이 굽은 데는 굽은 대로 곧은 데는 곧은 대로 흐르는 것과 같이 생각 생각이 분별심이 없는 것이다. 그러니 오늘도 그런 대로, 내일도 그런 대로 모든 인연을 수순하되 아무런 장애가 없어서 선과 악에 끊을 것도 없이 바탕이 꼿꼿하여 보고 듣는데 심상한지라, 곧 한 티끌도 상대를 짓는 것이 끊어졌느니 어찌 망념을 보내서 없애버리려는 공력을 수고로이 하리오. 한 생각도 망정을 내지 아니한지라 망녕되이 망연을 버리려 하는 힘을 갖자 할 것이 없나니라."

　노사께서 한창 강의에 열중하시다가,
　"그러면 어떤 것이 공적영지지심인가?" 하고 대중에게 물으시니 대중이 답이 없자,
　"시자야!"
　"예."
　"저 향로에 향을 꽂아 오너라."
　시자가 향로에 향을 사루어 꽂아 노사께 올리니,
　"다들 잘 보았겠지. 이것이 공적영지지심이니라."
　혜월 스님께 누군가가,
　"어떤 것이 공적영지지심입니까?" 하니,
　"알래야 알 수 없고 모를래야 모를 수 없는 것이다."
　노사께서 어떤 수좌에게,
　"너의 공적영지지심은 어떻게 생겼는고?" 하니까 그 수좌가 차수(叉手)를 하고 몸을 바짝 움츠리자,

"너의 공적영지지심은 왜 그리 복잡하노?" 하신다.
돈오점수(頓悟漸修)에 관해서 또 법문이 이어진다.

"돈오점수설은 임제종의 대선사들께서도 이미 제창하신 바다.
　이와 같이 이르되 돈오란, 깨친 것이 부처와 같으나 다생에 습기가 깊은지라, 바람이 멈추어도 물결이 오히려 파랑치고 성리(性理)가 나타나도 망념이 오히려 침노한다 한다. 또 대혜(大慧) 종고(宗杲)께서 말씀하시되 간혹 근기가 날카롭고 총명한 무리들이 힘을 많이 허비하지 않고 이 일을 쳐서 발명하고는 문득 용이하다는 마음을 내어 다시 닦아 다스리지 아니하다가 날이 오래고 달이 깊으면 전과 같이 흘러 방랑하고 윤회를 면치 못한다 하시니 어찌 한번 깨친 걸로 문득 뒤에서 닦는 것을 쓸어버리랴! 그런 고로 깨달은 뒤 길을 비추고 항상 살피어 망념이 홀연히 일어나거든 모두 따라주지 말지니 덜고 또 덜어 하염없는 데 이르러서야 비로소 마치는 것이 되니 천하 선각자들이 깨달은 뒤에 소 먹이는 행위가 이것이니라. 비록 뒤에 닦으나 이미 망념이 공하며 심성이 본래 깨끗함을 단번에 깨달은 순간 악을 끊고 끊으나 끊는 것이 없고 선을 닦고 닦으나 닦는 것이 없으니 이것이 참으로 끊는 것이라. 그렇기 때문에 말씀하시되 비록 만행을 갖추어 닦을지라도 오직 무념(無念)으로써 종(宗)을 삼는다 하느니라.

또 『벽암록(碧岩錄)』 제8칙에 보면 원오(圓悟) 극근(克勤)의 평창(評唱)이 다음과 같이 시작된다. '고인(古人)이 유신참모청(有晨參暮請)이라, 취암(翠巖)이 지하말(至夏末)하여 각임마시중(却恁麽示衆)하니 연이불방고준(然而不妨孤峻)이요 불방경천동지(不妨驚天動地)로다. 차도(且道)하라. 일대장교오천사십팔권(一大藏敎五天四十八卷)이 불면설심설성(不免說心說性)하며 설돈설점(說頓說漸)이어니와 환유저개소식마(還有這箇消息麽)아?'

'옛 사람은 새벽에 참례하고 저녁에 법문을 청하였다. 취암 스님이 여름안거 끝에 문득 이와 같이 대중설법을 하였으니 참으로 고준하기 그지없고 하늘을 놀라게 하고 땅이 뒤흔들렸다. 말해 봐라. 일대장교의 오천사십팔 권이 심(心)과 성(性), 돈오(頓悟)와 점수(漸修)에 지나지

않는데 거기서 도리어 이러한 소식이 있더냐?'

그런데 『선림고경총서』에서 번역한 가운데 조금 견해 차이가 나는 것 같아서 여기에 지적해 본다. 어떤 대목인가 하면 '말해 보라. 일대장교의 오천사십팔 권에는 마음과 성품(性), 돈오와 점오의 말들이 결코 없는데 어디에 이러한 소식이 있더냐?'

위에 강조한 부분이 좀 견해 차이가 나는 것 같다. 공적영지지심이거는 둔공(鈍功)을 들여서 참구해야 될 일이지 결코 학문이나 언어문자 사량분별로 어찌 해 볼 수 없는, 끈을 꿸 수 없는, 구멍 없는 무쇠방망이인 것이다."

그렇게 시비가 분분한 돈오점수설, 그것은 위에서도 밝힌 바와 같이 임제종의 대종장이신 원오 극근 선사와 대해 종고 선사께서도 이미 제창하신 바이니 후학들은 참작할 일이다.

차 한 잔의 의미

차 한 잔의 의미는 선가(禪家)에서는 실로 유현(幽玄)하기 짝이 없다.

왜냐하면 우선 제각기 소임을 하나씩 맡는데, 차 달이는 다각(茶角)이라는 소임도 있고, 또 성당(盛唐) 시대 선풍(禪風)의 황금기에 최고의 대종장(大宗匠)인 조주(趙州) 화상의 청다일화(淸茶一話)는 그 당시 총림의 크나큰 화제거리였으니 말이다.

조주가 어떤 스님에게 묻되,

"일찍이 여기에 왔던 일이 있었는가?"

"왔었습니다."

"차나 마시게."

또 다른 스님에게 묻되,

"일찍이 여기에 왔던 일이 있었는가?"

"왔던 일이 없었습니다."

"차나 마시게."
원주(阮主)가 곁에서 듣고는,
"어찌하여 일찍이 왔던 이도 차나 마시라 하고 와본 적이 없는 이도 차나 마시라고 하십니까?"
"원주!"
"예."
"너도 차나 마셔라."
이것이 그 유명한 조주의 '끽다거(喫茶去)' 라는 화두이다.
차 한 잔 먹는 것이 무엇이 그리 대단하랴마는 이것이 선가의 가풍이다.
뒤에 어떤 스님이 송(頌)을 붙이기를,

趙州喫茶
宗風奇特
到與不到
正白拈賊

조주가 차 마시란 말
종풍이 특출하네
한번 왔던 이에게든 처음 온 이에게든
바로 날강도 솜씨일세.

또 어떤 스님은 "조주는 원래 그 쯤을 엿보고 있었느니

라." 하였는데 우리가 일상생활에 늘 마시는 차나 그 당시 조주의 청다나 다를 것이 없다. 그때라고 살아가는 것이 다를 일이 없는 것이다.

아무리 깊고 오묘한 진리라도 우리가 늘 옷 입고 밥 먹고 차 마시고 오고 가고 하는 등등의 일상생활을 떠나 있지는 않다. 진리는 일상생활에 있다는 것을 착안하는 일이 중요하다. 선가의 화두도 우리의 일상생활에서 조금도 떠나지 않은 곳의 일이다.

운문(雲門) 화상에게 어떤 스님이 묻되,

"어떤 것이 부처를 초월하고 조사를 뛰어넘는 말씀입니까?" 하니,

선사가 대답하되,

"호떡(胡餠)이니라." 하였다.

또 청원(淸原) 화상에게 어느 날 어떤 스님이 불법의 큰 뜻을 물으니,

"여능(廬陵)의 쌀값이 얼마던고?" 하였다.

이렇듯 우리 일상 주변이 온통 찬란한 황금빛 진리로, 선의 즐거움으로 빛나고 있는 것이다.

어떤 스님이 조주 스님에게 물었다.

"듣자오니 스님께서는 남천(南泉) 스님을 친견하였다는데 그렇습니까?"

"진주(鎭州)에 큰 무가 있느니라."

또 다른 어떤 스님이 구봉(九峰) 스님에게 물었다.

"듣자오니 스님께서는 연수(延壽) 스님을 친견하였다고 하는데 그렇습니까?"

"앞산에 보리가 익었느냐?"

조주 스님이나 구봉 스님이나 모두 일을 해 마친 큰 스님들인데 섣불리 질문을 던졌다가는 눈알이 뒤집힐 판이다.

큰 무가 난다거나 앞산의 보리가 익었다거나 이러한 등등의 화제는 알려면 바로 알아야지 요리조리 따지려 들면 하늘과 땅 사이처럼 멀어지고 전문용어로 귀신굴에 들어간다고 꾸지람을 당하는 것이다.

서산(西山) 대사의 선시(禪詩) 가운데 이런 글이 있다.

十年端坐擁心性
慣得深林鳥不驚
昨夜松潭風雨惡
魚生一角鶴三聲

십 년을 단정히 앉아 심성을 다스리니
깊은 숲에 새들도 놀라지 않네
어젯밤 송담에 비바람 몰아치더니
고기들은 한켠에서 놀고 학이 세 번 울더라.

그런데 위의 글은 자연 그대로의 섭리를 말한 것인데 어생일각(魚生一角)을 기특상(奇特相) 내지 현묘상(玄妙相)으로 치부해서 "고기에 뿔이 하나 난 도리는 무엇입니까?" 이렇게 설문(設問)을 지어서 제방(諸方) 각 선원으로 돌린 일도 있었다.

큰 무가 난다느니 보리가 익었느니 하는 말 외에 이런 선구(禪句)도 있다.

數片白雲籠古寺
一條綠水繞靑山

몇 조각 흰구름 옛 절에 어리었는데
한 줄기 푸른 물이 청산을 둘러 흐르네.

끝의 글구가 어떠한 의미를 지녔는가? 눈이 있는 이들은 음미해 볼 만한 일이다.

선가禪家의 가풍(1)

산승이 처음 해인사에 입산하였을 때는 50년대 말이었다.
지금과는 다른, 고색창연한 태고적 고찰의 모습을 그대로 간직한 그때의 풍광은 참으로 인상적이었다. 그 모습이 그립기까지 하다면 좀 이상한 생각일까? 아무튼 많이 뜯어고치는 것이 능사는 아닌 것 같다.
그 산중을 지키시던 노사님들…… 금봉(錦峰), 응선(應禪), 고봉(高峰) 등등의 큰 스님들…….
선원에는 10여 명이 있었는데 덕현(德玄) 스님이 입승을 보았다. 지금 기억하건데 아마 공부가 무르익어서 광채나는 눈빛을 하고 후원에 와서 손가락질하며 애매모호한 표현을 열심히 하던 것도 잊혀지지 않는다.
과연 그뒤 경봉 노사 시봉에 들어와보니 그 덕현 스님의 견처를 노사께서도 관심 깊어 하시는 것이었다.

그해 겨울 선원에는 법정 스님과 고은 선배도 안거를 하고 있었다.

고소밭에서 고소를 뜯다가,

"송장 끌고다니는 놈이 누고?"

연산이라는 스님께 이런 말을 처음 듣기도 하였고 이어서 경봉 스님께 안내도 받았다. 참으로 나에겐 고마운 스님이 아닐 수 없었다.

겨울 산림이 한참 깊어갈 무렵 철웅 스님이 화엄사에 주석(住錫)하고 계시는 전강(田岡) 큰 스님을 모시고 왔었다.

상당(上堂) 법문을 나로서는 처음 들었다. 말씀도 잘 하시지만 특히 게송을 잘 읊으셨다.

예전에 균주(筠州), 구봉(九峰), 도건(道虔) 선사가 석상(石霜)의 문하에서 시자(侍者)로 있었는데 석상이 열반에 든 뒤에 대중이 큰방의 수좌(首座)를 청해서 주지의 뒤를 잇게 하려 하였다(옛날에는 조실을 주지라고 하였다). 선사는 긍정치 않고 말하

되,

"내가 물어보기까지 기다려라. 만일 스님의 뜻을 알면 스님[先師]과 같이 시봉을 하리라." 하고 묻되,

"선사께서 '쉬어가고 쉬어가라[休去歇去]. 한 생각이 만 년을 가리라[一念萬年去]. 식은 재와 마른 나무와 같이 하라[寒灰枯本去]. 한가닥 흰 비단 같이 하라[一條白練去]'고 말씀하셨는데, 말해 봐라. 무슨 일을 밝히었느냐[明一色邊事]?"

이에 구봉이 말하되,

"그렇다면 아직 선사의 뜻을 알지 못했도다." 하니, 수좌가 말하되,

"그대는 나를 긍정하지 않는가? 향을 가져오라." 하였다.

수좌가 향을 피우면서 말하되,

"내가 만일 선사의 뜻을 알지 못했다면 향 연기가 일어나는 곳에서 이 몸을 벗어나지 못하리라."

향 연기가 일자 이내 앉은 채로 몸을 벗어버리거늘 구봉이 그의 등을 어루만지면서 말하되,

"앉아서 벗어나고 서서 죽는 것은 없지 않으나 선사의 뜻은 꿈에도 보지 못했다." 하였다.

전강 큰 스님의 법문은 여기에 대한 게송을 읊고 하였다.

이것이 선승, 즉 참선을 전문적으로 해서 공부의 힘을 얻은 분들의 살림살이이다. 향 연기가 피어오르자 이 육

신을 벗어버릴 수 있는 선정력(禪定力)을 갖추었어도 선사의 뜻, 즉 조사(祖師)의 선지(禪旨)의 공통된 공안(公案)을 모르면 이 집안의 살림살이의 대를 이을 수 없다고 하였다.

그뒤 천동(天童) 정각(正覺) 스님이 여기에 게송으로 시비(是非)를 밝히기를,

> 石霜一宗 親傳九峰
> 香煙說法 正脈難通
> 月巢鶴作千年夢
> 雪屋人迷一色功
> 坐斷十方猶點額
> 窓移一步看飛龍

> 석상의 한 종파를
> 친히 구봉에 전하노니
> 향 연기에 벗어버린 것 가지고는
> 바른 맥 통하기 어렵네
> 학은 달집 속에 천년 꿈을 꾸고 있고
> 눈집에 사는 사람은 한 빛깔에 혼미했네
> 시방 세계를 꽉 누르더라도 이마를 부딪치나니
> 가만히 한 걸음 옮겨야 나는 용을 볼 수 있으리.

요즈음 선원에서는 겨울과 여름철 결제 말고, 봄과 가을 석달 동안 해제철을 이용해서 한 달씩 하는 산철 결제

를 하는 곳이 더러 있다.

 이 불확실성의 시대에 어쩌면 좋은 현상이 아닐까? 이 시대는 시간이 내용과 더불어 태평하고 풍요로운 것이 못 되니 말이다.

 여기 극락선원에도 지난 달 정월 해제하고 이월 초하루부터 한 달 동안 결제를 시작하였다. 대중은 겨울 결제 때와 똑같은데 여러 모로 조금씩 다른 것이 금방 눈에 뜨인다. 해제철에도 방일하지 않고 수행하려는 다짐을 하고 온 목적이 있어서인지 분위기가 그렇게 숙연할 수가 없고 정진시간도 하루에 10시간을 짜고 정말 공부 분위기 속에 하루 시간이 30분 지나는 것처럼 금방 흘러간다.

선가禪家의 가풍(2)

좌선을 하게 되면 대개 혼침 아니면 산란심, 즉 망상에 시달리다가 한 시간 허비하게 되는데 이것이 초심자에게는 보통 큰 문제가 아니다. 이것과 전쟁을 치루다가 몇 달이고 몇 년이고 헛되이 흘러가버리는 것이다.

산란심을 물리치기 위해 대처해야 할 몇 가지를 들어보자.
첫째가 용기 있는 대분발이다.

확실한 입지가 서 있지 않고서는 이 크나큰 수행을 해나갈 수가 없다. 좌우를 돌아볼 겨를 없이 오로지 이 정신만을 하려는

데 수행의 길이 열리는 것이다.

자, 그러면 혼침과 산란심에 어떻게 대처하여야 하는가? 아무래도 편안한 좌정(坐定)을 얻자면 선방(禪房)에서 장판 때가 좀 묻어야 된다. 좀 오래 좌선한 사람이더라도 앉으면 졸고, 졸지 않으면 산란심에 시간을 허비하는 사례가 많다.

우선 앉을 적에는 주위를 의식하지 말 것이며 억지로라도 자연스럽게 앉는다. 일상생활처럼 누구와 이야기를 하거나 책을 보듯이 그런 자세가 바람직하다. 자기 혼자 방안이나 어디에서 앉아 있을 때는 아무렇지 않다가도 대중들과 정진시간에 가서 앉으면 혼침과 산란심에 금방 휩쓸리게 되는데 그것은 긴장을 한다거나 주위를 의식하는 데 원인이 있는 것이다.

이렇게 해서 세월이 흐르면 그 고요하고 편안함이란 이루 말할 수가 없다. 가히 법희선열(法喜禪悅)의 즐거움인 것이다.

향 연기 속에서 좌탈하신 그 수좌 선사님도 그 힘이 일구월심으로 닦은 선정력(禪定力)에서 나왔다는 것은 굳이 설명할 필요도 없는 것이다.

고봉(高峰) 선사도 20세 때 삼 년을 기한으로 하고 죽자사자 정진에 몰두하더니 기한이 다 차갈 무렵에 꿈에도 화두가 역력하게 들려서 드디어 크게 깨달았던 것이다.

정신을 한 곳으로 집중하는 이 수행은 구경(究竟)에 이르면 견성하여 생사해탈을 하게 한다. 또한 이 수행은 모든 일상생활에 원동력이 되는 것이며, 자아발견에 앞서 자기 자신을 고요히 성찰할 수 있도록 잘 다스려 나아가게 하는 길잡이도 되어준다.

그 수좌님은 선정력으로 좌탈을 하였는데 수행을 많이 한 스님들의 열반상을 이야기하여 보자.

등은봉鄧隱峰 스님 이야기

등은봉 스님은 마조(馬祖) 스님의 제자인데 좀 별난 장난을 좋아했나 보다.

한번은 마조가 길에 앉아 다리를 쭉펴고 있는데 은봉이 수레를 밀고 왔다. 은봉은 스승에게 다리를 오므려 달라고 청했으나 마조는 "한번 뻗은 이상 오므릴 수 없다."고 대답했다. 은봉 역시 "한번 나아간 이상 물러설 수 없다."며 스승이야 다리를 오므리든 말든 수레를 몰아 결국 스승의 발에 상처를 입혔다. 그 당시는 선원에서 땅을 파서 논밭을 만들어 일을 하며 남의 도움을 받지 않는 생활 속에서 수행을 하였으니 아주 본받을 만한 자세였다. 그래서인지 억불정책을 당할 때라도 선사찰(禪寺刹)만은 피해가 적었다.

위의 사건도 마조를 비롯하여 전 대중이 논을 풀다 일어난 일이다.

 낮의 작업이 끝난 뒤 저녁 설법 시간에 대중이 다 모였는데 마조는 커다란 도끼를 어깨에 둘러메고 들어오며,
 "아까 수레로 내 다리를 다치게 한 놈은 썩 나와라!"
 은봉은 서슴없이 앞으로 나와 스승 앞에 목을 내밀었다. 그러자 마조는 도끼를 던지고 방장(方丈)으로 돌아갔다.
 평생을 기행(奇行)으로 이름을 떨치고 살더니 삶을 마감하는 장면도 역시 변함이 없었다.
 어느 날 화상은 제자들이 모인 자리에서 돌연 다음과 같은 말을 하는 것이었다.
 "제방(諸方)의 장노(長老)들이 천화(遷化)할 때 흔히 앉아서, 혹은 누워서 가는 사람들이 많은데 이런 것이야 그리 신통할 것이 못 되고 서서 그대로 왕생(往生)한다면 좀 신기한 것이 아니겠는가?"

"그렇습니다. 서서 간다면야 참으로 신기하지요. 그러나 전일에 아주 없었던 일은 아닙니다. 삼조승찬(三祖僧璨) 큰 스님께서 큰 나무 밑에서 선 채로 합장을 하고 그대로 대적정(大寂靜)에 드시지 않았습니까?"
"으음, 참 그렇지. 그러면 거꾸로 서서 갔다는 사람은 없는가?"
"예, 그런 말은 아직 들어보지 못했습니다."
"그래, 그러면 나는 거꾸로 서서 가겠노라!"
그렇게 선포를 하고 나서 두 손으로 땅을 집고 다리를 공중으로 번쩍 들고 거꾸로 서는 것이었다.
대중들은 아연실색하여 여기저기서 모여들었다.
그러자 화상은 거꾸로 선 그대로 이미 숨을 거두고 말았다. 더욱 신기한 것은 입고 있던 장삼이 조금도 흘러내리거나 벗겨지지 않고 입은 그대로 몸에 붙어 있어서 거꾸로 빳빳이 서 있는 모습이 마치 한 그루의 나무가 땅 위에 솟아 있는 것처럼 보였다. 대중은 물론 신도와 일반인들이 구름 같이 모여들어서 찬탄하는 소리가 끊이지 않았다.
드디어 다비식을 올리기 위하여 시신을 납관하는 차례였다. 그러나 시신은 거꾸로 선 채 그대로 꼿꼿이 서서 아무리 밀고 잡아당겨도 꼼짝달싹도 하지 않는 것이 아닌가. 선정력으로 도립한 것이 그렇게 쉽게 움직여지지 않는 것이다.

대중들은 어찌할 바를 몰라 우왕좌왕하며 야단법석이다.
이때 한 비구니 스님이 대중을 헤치고 나오더니 도립한 화상을 보고 준엄하게 꾸짖는 것이었다.
"오라버님! 이것이 무슨 짓입니까? 평생을 박덕하게 괴팍을 일삼더니 열반에 드실 때도 또 이러시니 첫째는 불조(佛祖)에게 실례가 되고, 둘째는 모든 중생들을 놀라게 하며 미(迷)하게 하니, 이게 무슨 짓입니까!" 하며 손끝으로 슬쩍 건드리니 그냥 그대로 힘없이 넘어지는 것이었다.
이 비구니 스님은 화상의 누이동생으로 오래 전에 오도(悟道)한 선승이었다. 선정력, 오묘불가사의 한 것이라고 탄찬할 만한 힘이 아니겠는가!

선가禪家의 가풍(3)

유명한 허무승이 있었다. 산성(散聖)이라고도 하는데, 쉽게 말해 도인을 인상(因上)과 과상(果上)으로 구분하여 인상은 생사윤회의 고통의 일상을 뼈저리게 느껴 수행에서 성인이 된 분들을 일컫고, 과상은 성인, 즉 불위(佛位)에 오른 분들로서 이 사바세계 중생들과 인연이 있어서 그 중생들을 교화하려 오신 분들을 일컫는다.

선종사(禪宗史)에는 이 과상 도인들이 무수하게 등장한다. 우리나라에도 신라 때부터 조선조에 이르기까지 너무 많은 교화의 흔적이 여기저기에서 보인다.

임제(臨濟) 스님 당시의 보화존자(普化尊者)가 그런 분이었다.

보화존자께선 회상에 살면서 항상 길거리를 활보하면서 요령을 딸랑딸랑 흔들며 다녔다.

하루는 사람들에게,

"나에게 옷 한 벌 보시(布施)하시요." 하자 사람들은 평소에 존자를 존경하였으므로 정성껏 옷을 지어 바쳤다. 그러자 이런 옷을 요구한 것이 아니라며 받지 않았다.

임제 스님은 원주를 시켜 관(棺)을 하나 사오라 했다.

보화존자가 절에 돌아왔을 때 임제 스님은 관을 내놓으며 말했다.

"나는 그대를 위하여 옷을 한 벌 마련하였다."고 하니 존자는 희색이 만면하여 빙그레 웃더니 훌쩍 그 관을 짊어지고는 요령을 흔들면서 다시 큰 길가로 나가는 것이었다.

그는 가장 번화한 거리에서 관을 등에 진 채 요령을 딸랑딸랑 흔들면서 엄숙하게 선언하는 것이었다.

"임제 스님께서 나에게 이런 훌륭한 옷을 만들어주셨소. 이제 동문으로 가서 이것을 입고 나는 열반에 들겠소이다."

그는 동문을 향해 요령을 흔들면서 갔다. 사람들은 늘 기이한 행동을 하던 보화존자가 관을 메고 열반에 들겠노라고 선언을 하니 무슨 기상천외한 일이 일어나지나 않나 하고는 호기심이 나서 너도 나도 앞을 다투어 물밀듯이 그의 뒤를 따라 장사진(長蛇陳)을 치며 갔다.

온 고을 안이 물 끓듯이 하며 동문으로 몰려들었다. 동문에 이르자 보화존자는 요령을 흔들며 사방을 두루 돌아보더니,

"오늘은 날씨가 좋지 않아서 내일 남문에 가서 입적(入

寂)하겠노라." 하고 조금 전에 선언한 것을 바꾸었다. 군중들은 할 수 없이 내일을 기약하고 서운한 채 흩어졌다.

다음 날 남문에는 어제보다 더 많은 사람들이 모여들어 그야말로 인산인해를 이루고 무슨 기이한 일이 일어나기를 목에 침이 마르도록 기다리고 있었다.

얼마 후 존자가 어제와 똑같은 행색을 차리고 나타났다. 그러나 그는 오늘도 역시 일기가 나빠서 내일 서문에서 열반에 들겠다고 천연스럽게 어제의 선언을 정정하였다.

군중들은 자못 실망하여 이제는 그의 말을 믿지 않게 되었다. 그 가운데 몇 사람만이 혹시나 하고 반신반의한 채 이튿날 또 서문에 가서 기다리고 있었다.

그러나 그날도 역시 그는 전날 같은 핑계를 대고 다음 날 북문에서 입적하겠다고 유유히 말하는 것이었다. 사람

들은 실망한 나머지 화가 폭발하여 욕을 퍼붓고 돌아갔다.
 그 이튿날 네번째로 선언을 한 북문으로 그의 말을 믿고 나온 사람은 하나도 없었다.
 그는 북문에 이르자 문 밖으로 나가서 편편한 바위 위에 관을 내려놓고는 뚜껑을 닫고 못을 단단히 박아달라고 부탁을 하였다.
 말이 성내에 퍼지자 이제는 정말인가 보다 하고 삽시간에 사람들이 구름같이 모여들어 관을 중심으로 겹겹이 싸고 또 쌌다. 그러나 반석 위에 놓여 있는 관은 조금도 움직일 줄 모르고 그저 처음 그대로 고요히 있을 뿐이었다.
 군중들은 기다리다 못해 자기 소견대로 떠들기 시작했다. 누군가 "자, 이제 그만 떠들고 관을 좀 열어보는 것이 어떻소?"라고 말했다.
 이런 제의가 나오자 몇 사람이 나와서 호기심으로 못을 하나하나 빼기 시작하였다. 이것을 숨을 죽이고 응시하는 군중도 불안감과 그 어떤 기대로 온몸이 온통 팽팽한 긴장감으로 떨리는 가운데 드디어 관뚜껑이 열렸다. 그러나 이게 웬일인가? 관 속에는 사람은 고사하고 머리털 한 오라기 없이 텅 비어 있지 않은가!
 "와, 아무것도 없다!"
 너무도 상상 외의 형상에 군중은 넋을 잃고 말았다.
 그때였다. 딸랑딸랑 너무도 귀에 익은 그 요령소리가 바로 공중에서 울려왔다. 군중은 깜짝 놀라서 일제히 머리를 들어 소리 나는 곳을 바라보았다.
 그곳에는 아무것도 보이지 않고 한 줄기의 서광(瑞光)이 하늘 높이 찬란하게 뻗어 있고 요령소리만 딸랑딸랑 울려왔다.
 딸랑딸랑 요령소리는 은은히 점점 구름 저 멀리 높은 하늘 위로 멀어져갔다. 군중은 모두 그 자리에서 합장을 하며 무릎을 꿇고 요령소리가 들려오는 허공을 향하여 무수히 배례를 올렸다. 참으로 신화 같은 이야기지만 역사에 기록된 틀림없는 실화인 것이다.
 선가에서는 기이한 행적이나 신통력을 요상하고 천박한 짓이라고 도외시하는 편인데 보화존자의 일은 임제 스님의 선풍(禪風)을 드날리기 위한 방편이자 그럴듯한 단막극인 것이다.
 이렇게 불법을 펴기 위한 이야기는 너무 많다. 보덕 각시 이야기도 그렇고 여러 가지 신기한 설화가 많이 전하여지고 있다.

파자선 婆子禪

금릉 땅에 유(兪)씨 성을 가진 할머니가 있었다.
시장에서 떡장사를 하면서도 부지런히 낭야(瑯耶) 스님 회상에 법문을 들으러 다녔다. 낭야 스님께서 유 노파에게 임제 스님의 '무위진인(無位眞人)', 즉 '형상 없는 참사람' 화두를 듣게 하였다.
순일무잡하게 비가 오나 눈이 오나 일구월심(日久月深)으로 오로지 화두 드는 일밖에는 아무런 잡념이 없었다.

시장터에서 마음 닦는 떡장수 유 노파.
하루는 어떤 거지가 연화악(蓮華樂)을 노래하기를,
"유의(柳毅)가 편지를 전하러 가지 않았던들 무슨 인연으로 동정호까지 갔겠는가" 하니 이 노래 소리를 듣고는 홀연히 깨달은 바 있어 떡판을 던져버리니 영감님이 옆에

서 보고는,
"이 할매가 미쳤나!"
할머니가 영감을 주먹으로 한 방 먹이고는,
"당신이 알 수 있는 경계가 아니니라." 하고는 낭야에게 달려갔다.
낭야가 멀리서 이를 바라보고 이미 공부가 익은 줄 알고 묻기를,
"어떤 것이 형상 없는 참사람인고?" 하니, 유노파가 소리 높여 대답을 하였다.

有一無位人
六臂三頭怒力嗔
一壁華山分兩路
萬年流水不知春

형상 없는 참사람이 하나 있는데
팔은 여섯, 머리는 셋, 가끔 성도 내더라
빛나는 보배산 양쪽 길에
억만 년 흐르는 물이 봄이 온 줄 모르더라.

낭야 스님께서 그 자리에서 유 노파를 인가(印可)하여 주었음은 물론이다.

일부러 시끄러운 시장터에 가서 공부를 익힌 분들이 많은데, 청매 화상도 장터에 가서 마음을 길들이다 오곤 하셨다.

이 떡장수 할머니의 마음 닦은 일화는 바빠서 어떻게 참선을 하겠느냐는 사람들에게 좋은 교훈이 될 만하다.

바쁘다 바쁘다 하는데 참으로 바쁜 것은 자기에게 있는 그 형상 없는 주인공을 찾는 일이 정말 바쁜 일이고, 그 외의 일은 세세생생에 익혀온 업에 끄달려서 정말 업대로 놀아나고 있을 뿐인 것이다.

적수도인과 무착도인

  범현군(范顯君)이라는 벼슬아치의 부인이 참선(參禪)을 아주 열심히 하니 주위에서 적수도인(寂壽道人)이라고 불렀다.
  성도(成都)에 있을 때 불과(佛果) 스님께 참배하니 불과 스님께서 묻기를,
  "마음도 아니요, 부처도 아니요, 물건도 아닌 이것이 무엇인가〔不是心不是佛 不是物是什麼〕?"
  부인이 아무 소리도 못 하고 입도 못 열고 물러나와 그저 열심히 '마음도 물건도 아닌 이것이 무엇인가?'를 오며 가며 열심히 참구하였다.
  그렇게 열심히 하였는데 도저히 나아갈래도 나아갈 수 없고 물러갈래도 물러갈 수 없는 곳에 이르러 문득 서글프고 두려워서 불과 스님을 찾아가 묻기를,
  "이밖에 다른 방편이 있으시면 저를 위해서 알아차리게

방편을 베풀어주소서."

"방편이 있으니 마음도 아니고, 부처도 아니고, 물건도 아니니라."

적수도인이 여기에서 깨닫고 이르기를,

"원래 이렇게 가까이 있는 것을!" 하며 감탄하였다.

무착도인 비구니 묘총(妙總)이 나이 30세에 허무한 들뜬 세상이 싫어서 모든 인연을 벗어버리고 모든 노숙(老宿=善知識)들을 차례로 참배하니 이미 정신(正信)이 깊이 심어졌다.

경산(徑山)에서 여름을 지낼 때, 대혜(大慧) 스님이 상당(上堂)하여 법문을 하였다. 이때 약산(藥山)이 처음 석두(石頭) 스님을 참배하고 뒷날 마조(馬祖) 스님을 친견

한 인연을 듣고는 활연히 깨달았다.
　대혜 스님이 암두(岩頭) 파자화(婆子話)를 들어 물으니 묘총이 게송으로 답하기를,

　　一葉片舟波渺茫
　　呈橈舞棹別宮商
　　雲山海月都抛却
　　醉得莊周蝶夢長

　　일엽편주를 아득한 파도 위에 띄우고
　　노를 들고 돛대의 춤을 추니 별다른 곡조로다
　　구름 산 바다 달을 모두 버리고
　　장주의 나비꿈 속에 깊이 취했네.

밭 가는 부인의 선문답

옛날에 스님 세 분이 행각을 떠났다가 경산 화상을 뵈러가던 길에 어떤 노파를 만났다.
때마침 노파는 벼를 베고 있었는데 한 스님이 물었다.
"경상 가는 길을 가르쳐주십시오."
노파가 대답했다.
"똑바로 가세요."

조주(趙州) 스님 당시에도 어떤 노파가 오대산으로 가는 길목에 있으면서 스님들이 그 노파에게 오대산으로 가는 길을 물으면,
"곧장 가시오." 하여 그 스님이 서너 걸음 내딛으면,
"똑똑해 보이는 스님이 또 저렇게 가는구나!" 하였다.
나중에 어떤 스님이 조주 스님께 그 말씀을 드리니,
"노승이 그 노파를 감정해 보리라." 하고는 이튿날 가서

는 그렇게 물으니 노파는 역시 그렇게 대답하는지라 조주 스님은 그대로 돌아와서 대중에게 말하되,

"내가 그대들을 위해서 그 노파를 감정했다." 하였다.

임제 스님도 한창 행각하고 다닐 때 속가 친척들하고 마을에서 사시는 평산(平山) 화상을 친견하러 갔다.

동구 밖에서 어떤 부인이 밭을 갈고 있기에 평산 스님한테 가는 길을 묻자 그 부인이 소궁둥이를 힘껏 치면서,

"이랴, 이놈의 소, 나이가 네 살이나 처먹도록 제 갈 길도 모르는구나!"

임제 스님이 그 부인에게 법문도 듣고 길도 안내받아 평산 스님을 뵙고 그 이야기를 드렸더니 평산 스님 말씀이,

"아, 이 사람아, 그 밭 갈던 부인이 우리 형수일세." 하였다.

집안 식구들이 모두들 선지식의 안목을 갖춘 분들이었다.

다시 그 행각하던 세 스님이 묻기를,

"바로 앞에는 깊은 물이 있는데 어떻게 건너겠소?"

"다리는 젖지 않습디다."

참으로 남자의 안목을 갖춘 문답이다.

다른 스님이 또 물었다.

"윗논의 벼는 그렇게 좋은데 아랫논의 벼는 그렇게 안 되었군요."

"아랫논의 벼는 쥐와 개에게 다 뜯겼습니다."

"퍽 향취가 났던 모양이군요."

"아무 냄새도 없었습니다."

또 다른 스님이 물었다.

"노파는 어디에 사시나요."

"그저 여기에 있지요."

세 스님이 가게 안으로 들어가자 노파는 차 한 병을 다려 찻잔 세 개를 소반 위에 받쳐 갖다놓고 말했다.

"스님네가 신통이 있거든 차를 마시시오."

세 사람이 대답이 없었고 또 감히 차를 마시지 못했다.

이에 노파가 말했다.

"이 노파가 신통을 부릴 터이니 구경이나 하십시오."

그리고는 찻병을 들어 차를 따라 돌렸다.

능행파 이야기

 동해면 남쪽바다 쪽으로 기차를 타고 달리다 보면 원자력 발전소가 있는 월내(月內)역이 있고, 역에서 내려 조금 가다보면 묘관음사선원(妙觀音寺禪院)이 있다.
 이곳은 근세 선지식이신 향곡(香谷) 선사가 주석하고 계셨던 곳이다.
 향곡 큰 스님으로부터 능행파(凌行婆) 할머니의 법문을 자주 들은 기억이 있어서 여기에 소개할까 한다.
 유별나게 몸집이 크신 스님께서 그 커다란 법체를 좌우로 흔들어대며 호탕하게 웃으시던 모습은 아직도 눈에 아른거린다.
 능행파의 법문이란 다음과 같다. 아마도 재가 신녀(信女) 가운데에서는 제일 신기(神機)가 드높고 날카로웠던 것 같다.

마조(馬祖) 선사의 제자인 부배화상(浮盃和尙)에게 능행파가 찾아와서 절을 하고 물었다.

"힘을 다해서 말하려 해도 말할 수 없는 구절을 누구에게 전하시겠습니까〔盡力不得底句分付阿誰〕?"

부배 선사가 말하되,

"부배에게는 그런 쓸데없는 말이 없느니라."

능행파가 말하되,

"따로 능한 것이 있거든 들어내 보십시오." 하고는 곧바로 손을 모으고는,

"아이고! 아이고! 중간에 또다시 원수의 고통을 만났도다."

선사가 말이 없으니 능행파가 말하되,

"말의 바르고 치우침도 모르고, 이치의 삿되고 뒤바뀜도 모르면서 남을 위한다니 재앙거리로구나."

나중에 어떤 스님이 이 일을 남전(南泉)에게 이야기하니 남전이 말하되,

"괴롭구나! 부배가 그 노파에게 한바탕 꺾이었구나." 하였는데,

노파가 이 말을 전해 듣고,
"왕(王) 노사(老師)는 아직도 기개가 모자라는구나."
그때에 유주(幽州)에 증일(曽一)이라는 선객이 있었는데 노파에게 묻되,
"남전이 어째서 기개가 모자라는가?" 하자,
노파가 곡을 하면서 말하되,
"슬프고도 애통하도다." 하였다.
증일이 어리둥절하거늘 노파가,
"알겠는가?" 하니,
증일이 합장을 하고 서 있거늘,
"죽음 직전의 선객이 삼대 같고 좁쌀같이 많도다."
나중에 증일이 조주(趙州)에게 이 일을 이야기하니 조주가 말하되,
"내가 그 구린내 나는 노파를 봤더라면 한 마디 물어서 입을 봉했을 것이니라."
"화상께서 그에게 어떻게 물으시겠습니까?" 하자 조주가 때렸다.
증일이 말하되,
"어째서 나를 때리십니까?"
조주가 말하되,
"이 따위 죽음 직전에 놓인 선객을 때리지 않고 다시 어느 때를 기다리리요."
노파가 이 말을 전해 듣고 얼른 말하되,

"조주가 나의 방망이를 맞아야 할 것이다."
조주가 그 말을 전해 듣고 곡을 하면서 말하되,
"슬프고 애통하도다." 하자,
노파가 이 말을 전해 듣고,
"조주의 눈광명이 사천하를 비춰 꿰뚫는구나." 하였는데,
조주가 이 말을 듣고 사람을 보내어,
"어떤 것이 조주의 눈인고?" 하고 물으니 노파가 주먹을 세웠다.
조주가 이 말을 전해 듣고 다음과 같이 송을 지어 보냈다.

當機覿面提
覿面當機疾
報告凌行婆
哭聲何得失

걸맞는 기개가 마주보며 제시하니
마주보는 걸맞는 기개 재빠르도다
그대 능행파에게 알리노니
곡하는 소리는 무슨 이해득실인고.

이에 노파는 다음과 같은 게송으로 화답하였다.

哭聲師已曉
已曉得誰知

當時摩竭令
幾喪目前機

곡하는 소리를 스님께서 아셨나니
이미 알았는데 무엇을 알려하오
그때의 마갈타국의 법령이오
몇 번이나 눈앞에서 놓칠 뻔했나.

그때의 '마갈타국 법령'이란 부처님께서 마갈타국에 계시면서 설한 법이니 부처님의 법을 뜻한다.

이 거창한 할머니에게 대혜(大慧)도 역시 거창한 게송을 바쳤다.

眼光燦破四天下

婆子拳頭沒縫䍁
當時覿面事如何
猛虎春深誰觧跨

눈빛이 사천하를 비춰 꿰뚫고
노파의 주먹은 빈틈이 없어라
맞는 기개 마주본 일 어떠하던가
맹호의 척추를 뉘라서 타고 있으랴!

  예로부터 선문(禪門)에는 '식법자구(識法者懼)'라 '법을 아는 사람이 두렵다'는 말이 전해진다. 조주고불과 감히 대등하게 맞서는 이 능행파는 참으로 대단한 선기요, 선지식이셨다. 끝으로 향곡 큰 스님의 말씀 한 마디 더한다.
  59년 겨울에 범어사에서 돌린 도솔열화상(도率悅和尙)의 삼관 법문 설문에 답하기를 "장물(臟物)을 갱매(更賣)하니 목 벨 죄가 붙었다!"

선화禪話(1)

나는 입산하고 얼마 지나지 않아서 나의 은사이신 경봉노사를 시봉하며 행자〔行者 : 오계(五戒)를 받기 전인 기초학습자〕로서 큰방에 들어가 스님들과 함께 정진할 수 있는 행복을 누렸다.

도인 할아버지는 확실히 매사에 느긋하신 여유와 인생의 근본문제를 달관한 데서 우러나오는 통쾌하고도 걸림없는 유모어, 그리고 무어라고 표현할 수 없는 어떤 인생의 향기로움이랄까, 하여튼 그 비슷한 분위기가 늘 함께하고 있음을 시봉하면서 줄곧 느꼈다.

방문객이 오면 "극락에는 길이 없는데 어떻게 왔는가?"하는 질문을 자주 하셨다. 그러면 그 묻는 말뜻이 무엇인지도 모르고는 신도는 "아, 택시타고 왔지요." 혹은 "걸어서 왔지요." 하는 것이다.

로베로 펭제라는 프랑스 인사가 왔었는데 "극락에는 길

이 없는데 어떻게 왔어요?" 하고 물으니 "안내받아 왔습니다."라고 아주 합리적으로 정중하게 대답한 것을 통역을 잘못해서 "허공에서 내려왔습니다."라고 제법 선문답을 엮어내어 좌중이 웃음바다가 된 일도 있었다.

법회가 열려 법상에 올라가 설법하실 때도 어려운 선법문을 하시면서도 너무나 여유롭고 해학과 풍자가 많아서 언제나 즐거운 그런 분위기였다. 그러나 수좌를 모아놓고 하시는 경책법어는 사정이 좀 달라서 식어 풀어지고 게을러진 자세를 사정없이 질타하셨다.

대개 근대 선지식이라는 분들의 법어는 완전히 중국 큰스님들의 법어 같은데 비해 노사의 법어나 어록들은 한시를 빼고는 대체로 모국어를 사용했으며 우리의 일상생활 중에서 아주 쉬운 소재로 설법하셨다.

참선수행도 인성(人性)의 연마이니 무언가 인간적인 매력이 함재되어 있는 것을 실제로 수행을 쌓은 어떤 깊이와 척도로 여기고 싶다.

 선문답, 대개는 칼잡이들이 칼을 세운 것 같은 것인데 좀 여유스러운 이야기들이 있어 여기 옮겨 본다.
 사주(泗州) 탑두(塔頭)의 시자가 때가 되어 문을 잠그는데 어떤 사람이 물었다.
 "삼계(三界)의 대사인데 어째서 제자들에게 갇히십니까?"
 시자가 대답하지 못하였다.
 법안(法眼)이 대신 말하되,
 "내 열쇠를 돌려다오." 하였다.
 또 어떤 노숙이 대신 말하되,
 "길주(吉州)의 사슴과 건주(虔州)의 사슬이다." 하였다.
 법안의 '제자가 가두었는가? 대사가 가두었는가?' 이 말은 참으로 전신(轉身)의 변(辯)이다.

"꼭 정해진 법이란 없다. 이것이 최상의 진리요 지혜이다"라고 하신 부처님 말씀, "입장을 한번 바꾸어 놓고 생각해 봐라" 등등 우리의 일상주변에서 많이 쓰는 말들은 쉽지만, 그 고정관념의 틀에서 벗어나기란 참으로 해탈하기보다도 더 어려운 일이다.

조산(曹山)이 덕상에게 묻되,
"부처님의 참 법신은 허공과 같아서 물건에 맞추어 그림자가 나타나기를 마치 물 속의 달과 같다 하는데 어떤 것이 맞추어 응하는 도리인가?" 하니,
덕상좌가 말하되,
"나귀가 우물을 엿보는 것 같습니다." 하였다.
선사가 다시 말하되,
"이르기를 재빨리 일렀으나 겨우 십분의 팔만을 일렀도다." 하였다.
덕상좌가 다시 말하되,
"우물이 나귀를 엿보느니라." 하였다.

서암(瑞岩)이 이 이야기를 드러내어 말하기를,
"그 중은 비로소 하나의 반을 말했고 조산은 팔분(八分)을 이룩했다. 전부를 이루고자 하는가? 우물이 우물을 엿보는 것과 같으니라." 하였다.
어떤 이가 중에게 물었다.

"듣건대 스님께서 조론(肇論)을 강의하신다는데 사실입니까?"
"그렇소."
그 사람이 찻잔을 땅에다 팽개쳐서 깨트리면서 말했다.
"이것은 변천입니까? 변천이 아닙니까?"
그가 대답하지 못했다. 법안이 대신 손뼉을 세 차례 문질렀다.

악보(樂普)의 시자가 그의 스님께 말하되,
"조 법사가 네 가지 논(論)을 지었는데 퍽 기묘합니다."
하니 악보가 말했다.
"조공(肇公)이 퍽 기묘하기는 하나 조사는 보지 못했다."
시자가 대답이 없었다. 법등이 대신 말하되,
"화상은 어디서 보셨습니까?" 하였다.
운거(雲居)가 말하되,
"어디가 조공이 조사를 보지 못한 경지인가, 이것은 말에 떨어진 것이 아닐까? 조공은 무슨 말을 했었던가?"
조사를 본다는 것은 불법의 큰 뜻을 의미한다.

어떤 노파가 사람을 시켜 노숙에게 돈을 보내면서 『장경(藏經)』을 읽어달라고 했다. 노숙은 돈을 받자 곧 선상(禪床)에서 내려와 한 바퀴 돌고는 말하기를,

"노파에게 가서 『장경』을 한 벌 다 읽었다고 전하라."
했다.
　그 사람이 노파에게 가서 이야기를 전하니 노파가 말했다.
"이번에 『장경』의 반이 부족하다는 것인가? 말해 보라. 이 노파는 어떤 안목을 가지고 있기에 그렇게 말했느냐?"

　법안이 손뼉을 세 차례 문지른 것이나 노숙이 선생을 한 바퀴 돈 것, 이것이 선가의 무한의 보물 창고이다.

선화禪話(2)

자기 주위에서 일어나는 그런저런 신변잡사를 엮어서 책을 펴내는 것을 더러 보았다.

그런데 실은 잡사가 되었던 대사가 되었던 어느 누구의 일상생활이든지 그것은 매우 중요한 일이다.

누구든지 자기의 일상생활에 깊이 파고 들어가면, 그리고 거기서 확 미쳐버리면 시즉견성(是卽見性)인 것이다.

수박 겉 핥기식으로 일상을 살아가서는 자기의 내면생활을 거의 놓치고 만다.

요는 자기의 일상생활 주변에 초점을 맞추어 반조(返照)하고 관찰하려는 시도가 중요한 것이다. 이것은 최상승선(最上乘禪)이다.

이러한 소식은 말과 글에 있는 것도 아니다. 똥, 오줌 싸고 온갖 오욕(五欲)에 헤매는 이 몸뚱아리와 번뇌망상 더미 속에 천성(千聖)들이 전할 수 없는 향상일로(向上一

路)가 있는 것이다.
 그래서 운문(雲門)은 목주(睦州)에게 "자기사(自己事)를 밝히려고 왔습니다."했고, 『금강경』 첫머리에 "부처님께서 공양하실 시간에 옷을 입으시고 발우를 가지고 사위대성(舍衛大城)에 들어가서 걸식하시고 본래의 처소로 돌아와 공양을 마치시고 옷과 발우를 거두시며 발을 씻으신 뒤 자리를 펴고 앉으셨다." 하였다.
 『금강경』은 그 소중함을 이루 다 말할 필요가 없을 정도로 보편화된 경전이다.
 이 소중한 경전 첫 구절이 옷 입고 밥 먹고 발 씻고, 이렇게 시작되고 있다.
 그러니 아무리 심오한 진리라도 말과 글보다 일상적인 동작에서 잘 표현이 되는 것이다.
 밖에서, 먼 데서 구할 일이 아니다. 손짓 발짓에 불조(佛祖)의 화려한 각체(覺體)가 몽땅 노출(露出)되는 것이다.

 지공(誌公)이 사람을 시켜 혜사(慧思) 대사에게 말을 전하기를,
 "산에서 내려와서 중생을 교화하지 않고 하늘만 쳐다보아 무엇하려오?" 하니, 혜사가 대답했다.
 "삼세의 부처님들을 내 한 입에 몽땅 삼켰는데 다시 무슨 교화할 중생이 있으리요."
 현각(玄覺)이 묻되,

"말해 보라. 이것이 산 위의 말씀이신가, 산 밑의 말씀이신가?"

자수(慈受)가 상당(上堂)하여 이 이야기를 듣고는 말하되,

"혜사 대사의 이런 말이 입을 열면 넓랴? 만일 산승이라면 그렇지 않으려니 4월 16일부터 초산에 내려와서, 혹은 산길을 걷고, 혹은 길가의 주막에서 자기도 했으나 삼킬만한 부처님들을 볼 수 없었다. 어째서 그런가? 다만 시장하면 밥을 먹고 목 마르면 물을 마시고 곤하면 차를 마셨기 때문이다.

제도할 중생도 없었으니 어째서 그런가? 다만 사람마다 구족하고 낱낱이 원만히 이루어져서 두꺼비와 지렁이가 목에 둥근 광채를 찼고 흰 암소가 가슴에 卍자를 썼기 때문이다.

오늘 혜림원(慧林院)에 와서야 여러분들을 만났으나 말해 봐라. 옛 사람의 말과 같은가? 다른가? 알겠는가? 수고로이 오래 서 있지 말라."

용제(龍濟)의 수산주(修

山主)가 취암(翠岩)에게 물었다.

"건달바왕(乾達婆王)이 음악을 연주하여 세존께 공양하니 수미산이 진동하고, 바다가 출렁이고, 가섭(迦葉)은 일어나서 춤을 추고, 보살은 확실한 지혜(忍)를 얻어 요동치 않았고, 성문은 '나'라는 집착을 깨뜨렸다 하는데 가섭이 춤을 춘 뜻이 무엇입니까?"

취암이 대답했다.

"가섭은 전생부터 풍류하는 사람이었는데 습기를 끊지 못해서 그렇다."

"그러면 수미산이나 큰 바다도 습기를 끊지 못했습니까?" 취암이 대답이 없었다. 법안이 대신 말하되,

"바로 그것이 습기이다."

어떤 중이 한 노숙을 한여름 동안 뫼셨건만 한 말씀도

얻어 듣지 못하고는 탄식했다.

"이렇게 한 여름을 헛되이 보내면서 불법은 한 마디도 듣지 못했다. 그저 바른 원인〔正因〕이란 두 글자만 들었더라도 좋았을 터인데……"

노숙이 듣고 말했다.

"사리여, 너무 조급히 굴지 마오. 바른 원인을 이야기한다면 한 글자도 없는 것이오."

이렇게 말하고는 이를 세 차례 구르고 말했다.

"방금 공연히 그런 말을 했군."

옆방에 있던 중이 듣고는 말했다.

"한 가마솥에 가득한 좋은 국을 쥐똥 두 개 때문에 더럽혔다."

현각이 묻되,

"말해 봐라. 찬탄하는 말이겠는가? 부정하는 말이겠는가? 만일 찬탄하는 말이라면 어째서 쥐똥에 더럽혀졌다 하는가? 만일 부정하는 말이라면 무슨 허물이 있어서인가? 시험할 수 있겠는가?"

승조(僧肇) 법사가 진왕(秦王)에게 환난을 당할 때에 형장을 나가면서 게송을 읊되,

　　四大元無主
　　五陰本來空

將頭臨白刀
猶似撕春風

사대가 원래 주인이 없고
오온이 본래 공하다
머리를 번쩍이는 칼에 내미니
마치 봄바람을 베는 것 같구나!

현사(玄沙)가 말하되,
"딱한 조 법사여, 죽음을 당해서도 여전히 잠꼬대를 하는구나!"

조 법사는 구마라즙(九摩羅汁) 법사의 네 분 제자 중의 한 사람이다. 생사를 당해서도 태연히 일주일 동안 감옥에서 지은 것이 조론이다. 현사가 '딱한 조 법사여!' 무어라고 하였지만 성현들의 경지를 우리 화식중생(火食衆生)들이 감히 상상인들 할 수 있으랴!

선화禪話(3)

 지금 극락선원에서는 해제 기간 동안 산철 한 달 결제를 하고 있다. 지난 한 달 해보니 너무 좋아서 이번 가을철 윤팔월 초하룻날 결제를 해서 그믐날 해제를 할 예정이다.
 보통 운수(雲水)들이 겨울과 여름 석 달씩 정진을 하고 나면 마음 맞는 도반과 등산을 한다든지 여행을 하곤 하는데, 아주 특별한 신심(信心)을 내서 산철 결제를 하는 것이다. 공부하는 분위기도 너무나 숙연하고 열심히들 하니까 주관자로서 덩달아 신심이 날 뿐이다.
 춥지도 덥지도 않고 햇살은 석류알을 싸안으면서 단풍이 들려지고 수척해지는 텅 빈 산빛이 감도는 선원의 풍광은 그 자체가 선정삼매(禪定三昧)인 것이다.

 중이 어떤 노숙에게 물었다.

"사자가 토끼를 잡을 때에도 그의 힘을 다하고 코끼리를 잡을 때에도 그의 힘을 다한다 하니 그 다한다는 힘은 무엇입니까?"
"속이지 않는 힘이다."
법안이 대신 말하되,
"옛 사람의 말을 알지 못하는구나."

이호(李昊) 상서(尙書)가 어떤 노숙이 혼자 앉아 있는 것을 보고 물었다.
"장실(丈室)에 단정히 앉아서 무엇을 하십니까?"
"법신은 고요하여서 가고 옴이 없소."
법안이 따로이 말하되,
"그대는 무엇을 했었나?"
법등이 따로이 말하되,
"공(公)의 경계가 아니요."

어떤 도사(道流)가 불전에 와서 부처님을 등지고 앉으니 중이 말했다.
"도사여, 부처님을 등지고 앉지 마시오."
도사가 대꾸했다.
"당신네 경전에 말하기를 '부처의 몸이 법계에 꽉 찼다' 했는데 어디를 향해 앉아야 되겠소?"
법안이 대신 말하되,

"그대를 알아 보리다〔識得汝〕."
선월(禪月)이 시를 짓되,
"선객(禪客)이 서로 만나면 다만 손가락을 튕기는데 그 마음을 몇 사람이나 알리요."
이에 대수(大隨) 화상이 이 시를 들어 선월에게 물었다.
"어떤 것이 이 마음인가?"
선월이 대답이 없었다. 귀종(歸宗) 유(柔)가 대신 말하되,
"몇 사람이나 능히 알고 있을까?"

태주(台州) 육통원(六通院)의 중이 나룻배를 탔는데 어떤 사람이 물었다.
"육통이라 불리우면서 왜 배를 탑니까?"
천태덕소(天台德韶) 국사가 대신 말하되,

"대중을 놀라게 하지 않기 위해서이다."
　성승(聖僧)의 등상에 비가 새어 젖으니 어떤 사람이 물었다.
"성승일진데 어찌하여 새는 것이 있습니까?"
　천태국사가 대신 대답하되,
"샘이 없다면 성승이 못 된다."

　죽은 고기가 물 위에 뜬 것을 보고 어떤 사람이 중에게 물었다.
"고기는 물로써 생명을 유지하는 것이 아닙니까?"
"그렇소."
"그렇다면 어째서 도리어 물 속에서 죽었을까요?"
　중이 대답이 없었다. 항주(抗州) 천룡(天龍) 기(機) 화상이 대신 이르기를,
"그가 왜 언덕 위로 올라가서 죽지 않았을까?"

　중이 운대(雲臺) 흠(欽) 화상에게 물었다.
"어떤 것이 진언(眞言)입니까?"
"나무불타야니라."

대장여(大章如) 암주가 따로이 말하되,
"뭐라고? 뭐라고?"

강남의 국주(國州)가 어떤 노숙에게 물었다.
"나에게 수고우 한 마리가 있는데 만 리에 한 치의 풀도 없으니 어디다 놓아 먹여야 되겠소?"
귀종유가 대신 말하되,
"놓아 먹이기 좋은 곳입니다."

남전 화상이 입적하자 육긍(陸亘) 대부가 위문을 왔는데 원주가 물었다.
"대부는 왜 선사를 위해 곡을 하지 않으십니까?"
대부가 말했다.
"원주가 바로 이르면 곡을 하겠소."
원주가 대답이 없자 귀종유가 대신 말했다.
"곡해요, 곡해."

강남의 재상 풍영기가 몇몇 중과 종산(鐘山)에 왔다가 일인천(一人泉) 앞에 이르러 물었다.
"일인천인데 많은 사람들이 어떻게 흡족하겠는가?"
어떤 중이 대답하되,
"부족하게 하지는 않습니다." 하니,
연기가 긍정치 않고 있다가 따로이 말했다.

"누가 부족합니까 라고 했어야 되었을 것이다."
법안이 따로이 말하되,
"부족한 분이 누구입니까?"

어떤 시주의 부인이 절에 와서 중들에게 수년전(隨年錢)을 돌리는데 어떤 중이 말했다.
"성승 앞에도 한 몫 놓으시오."
"성승의 나이는 얼마지요?"
중이 대답이 없었다. 법안이 대신 말하되,
"마음 속에 원만한 생각이 있으면 알게 될 것이요."

법등이 새로운 중에게 물었다.
"요즘 어디서 났는가?"
"여산(廬山)에서 떠났습니다."
법등이 향합(香合)을 번쩍 들고 말했다.
"여산에도 이런 것이 있던가?"
중이 대답이 없었다. 법등이 스스로 대답하되,
"향을 찾아가지고 화상께 예배하러 왔습니다."

언대(偃臺) 감산주(感山主)가 원통원(圓通院)에 와서 제일좌를 만나니 제일좌가 이렇게 물었다.
"원통에는 길이 없는데 산주는 어떻게 여길 오셨소?"
귀종유가 대신 말하되,

"뜻밖에 다시 만나게 되었습니다."

'길이 없는데 어떻게 여길 왔느냐'니까 '뜻밖에 다시 만나게 되었다'는 이것이 선의 오묘한 여운이다. 걸어왔느니 어떻게 왔느니가 아니고 그냥 그렇게 다시 만나게 되었다고……. 자, 어떻게 왔는가? 한 손바닥으로는 소리가 나지 않느니라.

선화禪話(4)

　작년 가을 내내 경봉 큰 스님의 녹음테이프를 정리한 일이 있었다.
　큰 스님의 후사(後事)인 육성법문 녹음테이프를 정리하면서 또 한 차례 큰 스님의 말씀을 가을 한 철 내내 자세히 듣고 또 들었다. 시봉하면서 늘 듣고 거의 기억하고 그래서 다 아는 내용들이었다.
　그러나 새삼 놀라운 일은 간화선(看話禪=話頭工夫)에 있어서 자꾸자꾸 둔공(鈍功)을 들이라는 노사의 말씀에 철저한 발심과 이것 밖에는 할 일이 없다는 확고부동한 신념이 불같이 일어나는 것을 확인할 수 있었다.
　여기서 나는 어떤 선정력(禪定力)이라는 것이 따로이 존재한다는 것을 어렴풋이 느낄 수 있었다.
　"화두가 잘 안 들리면 애오라지 백천만 번 매닥질치거라!"

이렇게 경책하신 고인들의 심정이 이해할 만한 말씀인 것이다.
　『금강경』에도 "나를 빛과 소리에서 찾지 말아라"고 말씀하셨다.
　어떤 중이 앙산(仰山)에게 물었다.
　"당긴 활 같은 보름달에 화살끝을 무는 뜻이 어떠합니까?"
　"화살 끝을 문다."
　중이 입을 열려하니 앙산이 말했다.
　"입을 열면 당나귀 해가 되어도 알지 못한다."
　중이 대답이 없었다. 남전이 대신 몸을 기울이고 섰다.
　십이지(十二支) 년에 말의 해는 있어도 나귀의 해는 없다. 그러니 그래 가지고는 도저히 해결할 수 없다는 말이다. 선문에 이런 말이 있다. '욕득친절(欲得親切)인댄 막장문래문(莫將問來問)하라', 즉 '공부에 친절처(익숙함)를 얻고자 할려면 어떻게 대답하고 어떻게 묻는지 따위의 말만 배우는 학어자(學語者)가 되지 말라' 는 말이다.
　왜냐하면 이런 구두선(口頭禪) 따위를 가지고는 제법 뜨끈뜨끈한 화장막 속에서는 아무런 용처(用處)를 찾을 수 없기 때문이다.

　어떤 행자가 법사를 따라 불전에 들어갔다가 부처님께 침을 뱉으니 법사가 말했다.

"행자는 버릇이 없구나. 왜 부처님께 침을 뱉는가?"
"부처님 안 계신 곳을 보여주시오. 거기다 침을 뱉겠소."

법사가 대답이 없었다. 위산(山)이 말하되,
"어진 이는 도리어 어질지 못하게 되었고, 어질지 못한 이는 도리어 어질게 되었구나."

이 말은 음미해 보면 볼수록 재미있는 말이다.

앙상(仰山)은 법사를 대신해서 말하되,
"그저 행자에게 침을 뱉으라." 했다.

또 말하되,
"행자가 무어라 하거든 그에게 말하기를 나에게 행자가 없는 곳을 보여보아라 하리라."

어떤 중이 명부(冥府)에 들어가서 지장 보살을 만났는데 지장 보살이 물었다.
"너는 평생에 무슨 업을 닦았는가?"
"『법화경』을 독송하였습니다."
"그만 두어라. 말하지 말라. 나의 법은 묘하고 생각키 어렵다 했으니 이것은 말씀하신 것인가? 말씀하시지 않은 것인가?"
중이 대답이 없었다.
귀종유가 대신 말하되,
"이번엔 인간으로 다시 돌아가는데 퍼뜨릴 말씀을 일러 주십시오."
귀종유 화상이 어떤 중에게 말했다.
"무슨 경을 보고 있는가?"
"『보적경(寶積經)』을 보고 있습니다."
"사문(沙門 : 스님)이면서 어찌 보배를 쌓는 경을 보고 있는가?"
중이 대답이 없었다. 귀종유가 스스로 대답하되,
"고래로 사용한 것이 다함이 없소."

유우단(劉禹端) 공이 비오는 것을 보고 선운거(先雲居) 화상에게 물었다.
"비가 어디서 옵니까?"
"단공이 물으시는 곳에서 옵니다."

단공이 기뻐하며 찬탄하니 운거가 다시 단공에게 물었다.
"질문(問)이 어디서 왔습니까?"
단공이 말이 없었다. 이에 어떤 노숙이 대신 대답했다.
"아까 무어라 했던가?"
귀종유가 따로이 말하되,
"화상께서 두 번 세 번 말씀해 주셔서 고맙습니다."

법안(法眼) 화상이 아이들에게 말했다.
"자식으로 인하여 아버지를 안다는데 네 아버지의 이름이 무엇이냐?"
법등(法燈)이 대신 말하되,
"다만 옷깃으로 얼굴을 가리면 된다."
법안이 얼른 다른 중에게 물었다.
"만일 효성스런 아들이라면 의당 한 마디 했어야 하는데 말해 보라. 어떤 말을 했어야 옳은가?"
그 중이 대답이 없었다. 법안이 스스로 대답하되,
"그는 효성스런 아들입니다."

어떤 중이 『아미타경』을 강하는 강사에게 물었다.
"물, 새, 나무, 숲이 모두 불·법·승을 강한다는 대문을 어떻게 강하십니까?"
"기(基 : 규기) 법사가 말하기를, 참된 벗은 청하기를 기

다리지 않고 어미가 아기에게로 가듯 한다 하였소."
 중이 다시 물었다.
 "어떤 것이 참된 벗이 청하기를 기다리지 않는 것입니까?"
 법안이 대신 대답하되,
 "그것은 기 법사의 말씀입니다."
 천주(泉州)의 왕연빈(王延彬)이 초경원(招慶院)에 들렀다가 방장의 문이 잠긴 것을 보고 연(演) 시자에게 물었다.
 "뉘라서 감히 대사께서 계신다고 말하겠는가?"
 연 시자가 대답했다.
 "뉘라서 감히 대사께서 계시지 않는다고 말하겠는가?"
 법안이 따로이 말하되,
 "태부(太傅)께선 대사를 아십니다."

귀종유의 화상께서 두 번 세 번 말씀해 주셔서 고맙다고 하였는데 질문은 어디서 왔는가의 별어(別語)이다. 참으로 멋진 문답이다. 바로 일러준 선기(禪機) 번득이는 말이다.
 법안이 아이들에게 아버지의 이름을 묻는 것에 대하여 법등이 다만 "옷깃으로 얼굴을 가리면 된다"라고 하였는데 이런 선문답에 법열을 느끼려면 구참(久參) 선객이라야 되겠다.

선화禪話(5)

　겨울 안거(安居)가 시작되었다.
　지난 10월 보름달 결제를 하였는데, 큰방 스님이 모두 28명. 그 긴 큰방 아랫목과 윗목에 전부 14명씩 둘러 앉으니 참으로 장엄스러웠다.
　아침 8시, 입선이 시작되면 아침의 붉은 해가 삽삼조사 각 앞으로 떠오르는데, 그 밝은 햇살 속의 부처님의 일념 돈각(一念頓覺)의 행진. 이 세상의 어떤 아름다운 황홀함도 그것에 비교할 바 아니다.
　의식이 모조리 침잠되어 버린 뒤 퍼붓는 홍일(紅日)의 장관이랄까.
　조금은 사치스런 관찰 같지만, 일 년 중에 동지를 전후로 해서 아침 햇살이 제일 붉고 찬란한 것 같다.
　그 햇살을 받으며 좌복 위에 입선하여, 한 곳으로 일념 하는 그 청복(淸福)을 이 지구상에 어느 황제가 누릴 것인가!

지공(誌公)이 말한다.

"날마다 향을 들고 불을 담으면서도 몸이 바로 도량임을 모른다."

현사(玄沙)가 말했다.

"날마다 향을 들고 불을 담는 것이 참 도량임을 모른다."

현각(玄覺)이 물었다.

"이 두 존숙의 말에 친소가 있다고 여기는가?"

염관(鹽官)의 회상에 일보는 중 하나가 죽을 때가 되니, 저승사자가 잡으러 왔다. 이에 그 중이 말했다.

"나는 대중의 일을 보다가 수행을 못 했으니, 7일 동안의 여가를 주지 않겠는가?"

"염라대왕께 여쭈어보아서 허락하신다면 7일 뒤에 오겠고, 그렇지 않으면 바로 오겠소."

그렇게 말하고 나서 7일 만에 다시 왔는데, 그 중을 찾을 수가 없었다.

나중에 어떤 사람이 한 중에게 물었다.

"만일 왔더라면 어떻게 대꾸했겠소?"

동산(洞山)이 대신 대답하되,
"벌써 그에게 들켰다."
 임제가 중이 오는 것을 보자 불자(佛子)를 들었다. 중이 절을 하니, 임제는 때렸다. 중이 전혀 돌아보지도 않으니, 임제는 또 때렸다. 또 다른 중이 와서 뵈니, 임제는 불자를 들었다. 이에 중이 이렇게 말했다.
"화상께서 지시해 주셔서 고맙습니다."
 임제는 또 때렸다. 운문이 대신 말하되,
"그 노장이 의심스럽구나."
 대각(大覺)이 말하되,
"얻기는 얻었으나 아직 임제의 기틀은 보지 못했다."

 민의 왕이 현사 화상을 나룻터에까지 전송했다. 현사가 배에 올라 뱃전을 두드리며 말했다.
"대왕이여, 어떻게 해야 여기서 벗어날 수 있겠습니까?"
 왕이 말했다.
"거기에서 얼마나 계셨는가요?"
 귀종유가 대신 말하되,
"화상이 아니면 여기에 오지 못했을 것입니다."

 중이 어떤 노숙에게 물었다.
"어떤 것이 비밀한 방안의 사람입니까?"
"손이 와도 말대꾸를 하지 않는다."

현사가 말했다.
"언제는 감추었던 적이 있었던가?"
귀종유가 노숙의 대답을 따로이 말하되,
"그대는 어떻게 엿보았는가?"

법안 화상이 백법론(百法論)을 강하는 중에게 물었다.
"백법론은 체(體)와 용(用)을 함께 들고 능(能)과 소(所)를 겸하여 말하는데, 좌주(座主 : 강사)는 능이 아니면 소이거늘, 겸하여 이야기한다는 뜻을 어떻게 설명하겠는가?"
어떤 노숙이 이 말에 대신 말하되,
"저는 법좌(法座)라고 부르겠습니다."
귀종유가 따로이 말하되,
"화상께 그러한 수고를 끼치지 않겠습니다."

어떤 중이 이야기 하되,
"경전에서 말하기를, 문수가 홀연히 부처다 법이다 소견을 일으켰다가, 부처님의 위신력으로 두철산 사이로 끌려갔다 합니다."
오운(五雲)이 말하되,
"어디가 두철산 사이인가? 알겠는가? 지금에라도 어떤 사람이 불법의 소견을 일으키면 나는 그에게 차 두 병을 끓여주리라. 말해 봐라. 상인가? 벌인가? 경전의 뜻과 같은가? 다른가?"

동산이 행각을 다니다가 어떤 관리를 만났는데, 그가 말했다.

"제자가 삼조(三祖)의 신심명(信心銘)에다 주를 낼까 합니다."

동산이 물었다.

"잠깐이라도 시비가 생기면 어지러이 본심을 잃는다는 것인데, 어떻게 주를 내겠는가?"

법안이 대신 말했다.

"그러면 제자는 주를 내지 않겠습니다."

법안 화상이 다리가 아팠는데, 어떤 중이 와서 문안을 하니, 대사가 말했다.

"사람 아닌 무리〔非人〕가 왔을 땐 요동시키지 못했는데, 사람이 오고나니 꼼짝도 못하겠구나. 말해 봐라. 불법 안에서 어떤 말을 해야 되겠는가?"

"화상께서 비슷하시니 우선 기쁩니다."

대사가 긍정하지 않았다.
구봉(九峰) 화상이 강서성(江西城)에 들어갔는데 어떤 사람이 물었다.
"가게에 들어가서 교화할 때엔 무엇으로 안목을 삼습니까?"
"일월은 일찍이 혼란한 적이 없다."
법안이 따로이 말하되,
"안목이 생기기를 기다려라."

일리제평(一理濟平)한 진리이지만, 선문법담(禪門法談)은 이렇듯 심오하고도 현현묘묘(玄玄妙妙)한 것이다.

현사가 뱃전을 두드리며,
"대왕이여, 어떻게 해야 여기에서 벗어날 수 있겠습니까?" 하니,
왕의 대꾸는,
"거기에 얼마나 계셨는가요?"
또 귀종유는,
"화상이 아니면 여기에 오지 못했을 것입니다."

화장 세계의 비로부처님 정수리를 어찌 먼 곳에서 찾아 헤맬건가.

선화禪話(6)

중이 용아(龍牙)에게 물었다.
"종일 구구히 설치다가 어떻게 몽땅 쉽니까?"
"효자가 부모의 초상을 만난 것 같이 하여야 한다."
동선제(東禪濟)가 말하되,
"대중에서 말하기를 부모의 초상을 만났는데 무슨 한가한 겨를이 있으리오 하니, 이렇게 알고서도 사람들의 의심을 쉬게 할 수 있을까? 이것을 제하고는 어떻게 뜻을 이해하여야 될까?"

나는 은사 스님 시자로 있을 때 이와 비슷한 법문을 너무나 여러 차례 들었다.
"대사(大事 : 생사대사)를 판단하지 못하였더라도 부모상을 당한 듯이 하고, 대사를 이미 판단하였더라도 부모상을 당한 듯이 하거라."

간절하고도 준엄한 경책이였건만 큰 스님은 벌써 가시고 어렴풋이 경책하시던 모습만 떠오른다.

중이 용아에게 물었다.
"십이시 가운데 어떻게 힘을 쓰리까?"
"손 없는 사람이 주먹을 휘두르려는 것과 같이 해야 된다."
동선제가 말하되,
"좋은 말이다마는 어떻게 이해할까? 일찍이 어떤 중에게 물었더니 그가 대답하되, '손 없는 사람이 어떻게 주목을 쓰리오.' 하였다. 그에게 불법을 물었더니 그만두고 가버렸다. 그러니 길에 깔리게 말해 둔 것이 아무 쓸모도 없으니, 옛 사람의 뜻을 자세히 체험해 아는 것만 못하다."

고산(鼓山)이 말하되,
"이 일을 알고자 하는가? 마치 한 자루의 검과 같다."
하니,
어떤 중이 물었다.
"학인은 시체인데 어떤 것이 검입니까?"
"저 송장을 끌어내라."
중이 대답하고 방으로 돌아가서 짐을 묶어가지고 떠났다. 고산이 저녁때에 그가 떠났다는 말을 듣고 말했다.

"주장자로 때렸으면 좋았을 것이다."
동선제가 말하되,
"그 중이 만일 긍정치 않았다면, 고산에겐 무슨 허물이 있었는가? 긍정했다면 왜 떠났을까? 또 고산의 주장자는 상인가 벌인가? 안목을 갖춘 상좌는 헤아려 보라."

어떤 암주(庵主)가 중이 오는 것을 보고 화통(火筒)을 번쩍 들어보이면서 말했다.
"알겠는가?"
"모르겠습니다."
"삼십 년을 써도 아직 멀쩡하다."
"삼십 년 전에는 무엇을 쓰셨습니까?"
귀종유가 대신 말했다.

"나도 알고 싶구나."
 이와 비슷한 이야기가 있다. 오대산의 문수(文殊)가 무착(無着)에게 유리 찻잔을 들어보이면서,
 "남방에도 이러한 것이 있는가?"
 "없습디다."
 "없다면 보통 때에 무엇으로 차를 마시는가?"

 초경(招慶) 화상이 발우주머니를 들어보이면서 어떤 중에게 물었다.
 "그대는 이것의 값이 얼마나 된다고 여기는가?"
 귀종유가 대신 말하되,
 "두었다가 남에게 주면 값이 늘겠다."

 운문 화상이 나무사자의 입에다 손을 넣고 외쳤다.
 "이놈이 나를 문다. 살려다오"
 귀종유가 대신 말하되,
 "빨리 손을 빼십시오."

 어떤 좌주가 아미타불을 외우는데, 소사(小師)가 "화상이시여." 하고 불렀다.
 좌주가 고개를 돌렸으나 소사는 대답이 없었다. 이렇게 몇 차례 거듭하니 화상이 꾸짖었다.
 "세 번, 네 번 부르니 무슨 일이 있느냐?"

"스님은 어느 해에나 불러야 되겠습니까? 제가 잠깐 불렀는데도 선뜻 업을 발동하시는군요."
법등이 대신 말하되,
"에잇, 공연히 꾸짖으시는군요."

새매에 쫓긴 참새가 불전의 난간 위에서 벌벌 떨고 있으니, 어떤 이가 중에게 물었다.
"온갖 중생은 부처님의 그늘 안에서 항상 안락한데, 참새는 어찌하여 부처님을 뵈오면서도 벌벌 떱니까?"
법등이 대신 말하되,
"부처님을 두려워해서이다."
오공 선사가 충(忠) 좌주에게 물었다.
"무슨 경을 강하는가?"
"『법화경』을 강합니다."
"『법화경』을 설법하는 곳엔 내가 보배탑을 나타내어 증명한다. 대덕이 강할 때엔 누가 증명하든가?"
법등이 대신 말하되,
"화상께서 증명해 주셔서 고맙습니다."

중이 어떤 노숙에게 물었다.
"혼(魂)이 오락가락하면서 내 집 뜰의 오디(뽕나무의 열매)를 먹는다 하니, 어떤 것이 집 뜰의 오디입니까?"
현각이 대신 말하되,

"그대는 먹지 못하는 것이다."
법등이 따로이 말하되,
"네 입을 더럽히는 것이다."

어떤 관리가 중에게 물었다.
"이름이 무엇입니까?"
"무간(無揀)입니다."
무간이란 이리저리 가리지 않음이다.
"누군가가 갑자기 모래 한 그릇을 가지고 오면 스님은 어찌하겠습니까?"
"관인(官人)께서 공양하셔서 고맙습니다."
법안이 대신 말하되,
"그것도 역시 간택하는 것이요."

광남(廣南)에서 어떤 중이 암자에 살고 있었는데, 왕이 사냥을 나왔다. 이에 어떤 사람이 암주에게 와서 말했다.
"대왕이 오십니다. 일어나십시오."
"대왕뿐 아니라 부처님이 오셔도 일어나지 않는다."
이에 왕이 말했다.
"부처님은 그대의 스승이 아닌가?"
"그렇습니다."
"스승을 보고서도 왜 일어나지 않는가?"
법안이 대신 말하되,

"은혜를 갚기에 부족합니다."

'화통을 삼십 년이나 써도 멀쩡하다.' 하자 '삼십 년 전에는 무엇을 쓰셨습니까?' 하니, 귀종유 화상이 '나도 알고 싶구나!' 하였다. 이 화통이나 찻잔이 그냥 작은 물질에서 끝나는 것이 아니다. 주장자 이 지팡이가 부처와 조사의 모든 상징을 혼자서 대변하고 있듯이.

선화禪話(7)

 옛 조사님들의 화두를 참구하는 자세와 방법을 말씀하신 가운데 '고양이가 쥐를 잡듯하라', '닭이 알을 품듯이 하라', '실타래 풀리듯이 물 흘러가듯이 하라'는 등 여러 가지 방법이 있다.
 '고양이가 쥐를 잡듯이 하라'는 말은 고양이가 일단 쥐가 다니는 곳을 노리고 있으면 오로지 쥐가 나타날 것만 기다리고 있지 다른 일체 잡념이 없다는 것을 말한다.
 고양이나 겨울에 동면하는 뱀 등의 동물은 가만히 있으면서 식(識)을 밝히기 때문에, 혹시 사람의 몸을 받으면 그렇게 재주가 뛰어나다고 한다. 그런데 살생을 많이 한 업보로 명이 짧거나 병이 많다고 한다.
 지난 달 납월파일 성도절에는 부산에서 신도 50여 명이 와서 용맹정진하였다. 용맹정진을 하기 앞서 한 마디 하였다.

이 용맹정진은 수좌들이나 재가 신도들이나 모두가 범부를 고쳐서 성인(聖人)이 되고자 몸부림 치는 것이다. 참선 공부가 잘 안 되고 힘들더라도 한번 용맹심을 내어서 도전해 보는 것이다. 그러니 잠이 오더라도 허벅지를 잡아 꼬집어 비틀고 애를 쓰며, 잠에 지지 말고 한번 정신집중을 해보는 것이 용맹정진이다. 더욱이 납월파일 새벽은 세존께서 계명성(啓明星)을 보시고 성불하신 날이다.

공부가 잘 되고 안 되고 견성(見性)을 하고 못 하고를 떠나서 싯다르타 태자께서 성불하신 날을 기념하고 본받아서 우리가 밤을 새워 정진하는 것이 얼마나 영광스럽고 성스러우며, 참으로 축복받은 정진인가. 한번 용맹심을 내어 일념으로 몰아쳐보자.

어떤 중이 조주(趙州) 화상께 하직하니, 조주가 말했다.
"부처님이 계신 곳엔 머물지 말고 부처님이 없는 곳은 급히 지나쳐버려라. 그리하여 삼천 리 밖에서 사람을 만나거든 이야기 하지말라." 하니,
그 중이 대답하되,
"그러면 떠나지 않겠습니다." 라고 하였다.
이에 선사가,
"버들꽃을 따고 버들꽃을 따거라." 하였다.
운문고(雲門杲)가 송하였다.

부처님 계신 곳에 살지 말라니
무쇠로 된 저울추에 좀이 슬었고
부처님 없는 곳은 빨리 지나가라 하니
숭산(嵩山)의 파조타를 만나게 됐네
삼천 리 밖에서 잘못 말하지 말라니
두 개의 돌장승이 귓속말을 하였네
그러면 떠나지 않겠다 하니
이 말이 어느덧 천하에 퍼졌네
버들꽃을 따고 버들꽃을 땀이여
옴마니다니훔바탁이로다.

사주(泗州)의 탑 앞에서 한 중이 절을 하고 있으니, 어떤 사람이 물었다.

"스님, 날마다 예배를 하시는데 대성(大聖)을 보신 일이 있습니까?"

법안이 대신 말하되,

"그대는 예배하는 것이 무슨 뜻이라 여기는가?"

중이 원통(圓通) 화

상께 물었다.
"한 티끌이 잠시 일어나서 온 땅덩어리를 모두 수용한다 하는데 선장(禪牀)을 보셨습니까?"
원통이 대답했다.
"무엇을 티끌이라 하는가?"
또 법등에게 물었다.
"무엇을 선상이라 하는가?"
동선제(東禪齊)가 말하되,
"이 두 존숙의 말이 그의 묻는 뜻을 밝혔는가? 밝히지 못했는가? 만일 그의 묻는 뜻을 밝혔다면 모두 좋았는가 판단해 보라." 하고 홀연히 그에게 말하되,
"그대가 나에게 지시해 주고는 다시 대답을 요구하니 어떻게 이해할 것인가? 또 한 번 대답하는 것이라 하지 말라."

현각(玄覺) 화상이 비둘기 우는 소리를 듣고 중에게 물었다.
"무슨 소리인가?"
"비둘기 소리입니다."
"무간지옥의 업을 짓지 않으려면 여래의 바른 법륜(法輪)을 비방하지 말라."
동선제가 말하되,
"상좌들이여, '비둘기 소리입니다' 라고 한 것을 비방한

것이라 했는데, 어디가 비방한 것인가? 만일 그렇지 않다고 하면 되겠는가? 상좌들이여, 말해 보라. 현각의 뜻이 무엇이겠는가?"

보복(保福)의 중이 지장(地藏) 화상께 가니 지장이 물었다.
"그 지방의 불법이 어떠한가?"
"보복이 가끔 대중에게 이렇게 보여줍니다. 너희들의 눈을 막아서 보지 못하게 하고, 너희들의 귀를 막아서 듣지 못하게 하고, 너희들의 뜻을 좌정시켜 분별을 못하게 한다." 하니,
지장이 다시 물었다.
"내가 그대에게 묻노니 그대의 눈을 막지 않으면 무엇을 보며 귀를 막지 않으면 무엇을 들으며 그대의 뜻을 좌정시키지 않으면 무엇을 분별하는가?"
동선제가 말하되,
"그 중이 말을 듣고 홀연히 깨달음을 얻고 다른 곳으로 가지 않았다. 상좌들이여, 지금 도리어 깨달음을 얻었는가? 만일 알지 못했다면 매일 무엇을 보는가?"

고양이가 쥐를 잡기 위해서 가만히 한 곳으로 정신을 집중하거나 동면을 하며 고요히 있는 미물들은 그 자체만으로도 식(識)이 맑아져서, 생을 바꾸면 그렇게 재주가

비상하다는데 부처님의 정법에 의해 선정(禪定)을 닦은 그 복혜(福慧)는 어떻겠는가? 말할 것도 없이 성불작조(成佛作祖)의 시작이자 끝이다. 운문고의 '양개석인상이어(兩箇石人相耳語 : 두 개의 돌장승이 귓속말을 하였네)', 이것이 참으로 재미있는 이야기이다.

동선제의 말에 '지금은 도리어 깨달았는가?' 하였는데 우리의 일상생활에 보고 듣고 하지만 정말 견이불견(見而不見)이요, 문이불문(聞而不聞)의 답답한 노릇이 아닐 수 없다.

선화禪話(8)

　지난 겨울은 예년에 비해서 좀 추웠다. 꽁꽁 얼어 붙이던 추위도 어디로 가고, 비가 하루 종일 쏟아지더니 벌써 개구리란 놈이 튀어나와 뛰어다닌다.
　너무나 너무나 빠른 세월 쏜살 같다는 말이 실감난다. 세월은 물같이 빠른데 익혀놓은 정력(定力)은 미미하고 납자(衲子)라고 자처한 것이 부끄러울 따름이다.

　　　춘초(春草)는 년년록(年年綠)인데
　　　왕손(王孫)은 귀불귀(歸不歸)라
　　　봄풀은 해마다 봄이 오면 파릇파릇 하건만
　　　한번 간 왕손은 돌아올 줄 모르네.

　무상(無常)을 탄(嘆)한 싯구이다.
　내일모레 음력 이월 초하룻날부터는 겨울 해제를 한 지

보름째이지만, 극락선원에서는 한 달 간 결제를 하고 정진을 시작한다.
 덧없고 무상하다느니 어쩌느니 하는 것보다는 일구월심(日久月深)으로 그저 부지런히 정진하려는 원력의 소산인 것이다.

 복주의 홍당교(洪塘橋) 위에 중들이 늘어 앉았으니 어떤 관리가 지나가다 물었다.
 "여기에도 부처님이 계시는가?"
 법안이 다시 말하되,
 "그대는 어떤 사람인가?"

 어떤 사람이 중에게 물었다.
 "함이 없고 일이 없는 사람에게 어째서 금사슬 환난이 있습니까?"
 오운이 대신 말하되,
 "그저 함이 없고 일이 없기 때문이다."

 어떤 노숙이 중에게 물었다.
 "어디서 오는가?"
 "우두산(牛頭山)에서 조사께 예배하고 옵니다."
 노숙이 다시 물어 보았다.
 "조사를 보았는가?"

귀종유가 대신 말하되,
"흡사 믿어지지 않으시는 것 같군요."

어떤 중이 동자와 함께 경을 보다가,
"경을 가져다 함(函)에 넣으라." 하니,
동자가 말했다.
"제가 읽던 것은 저기에다 두었습니다."
법등이 대신 말하되,
"너는 무슨 경을 읽었느냐?"

어떤 중이 『도덕경(道德經)』을 주석(註釋)냈는데 다른 사람이 물었다.
"벌써부터 듣기엔 대덕께서 『도덕경』의 주석을 냈다더군요."
"그렇다 하기에는 외람스럽습니다."
"황제의 도를 밝히는 것은 어떠했을까요?"
오운이 대신 말하되,
"바로 제자입니다."

운문 화상이 어떤 중에게 물었다.
"어디서 오는가?"
"강서(江西)에서 옵니다."
"강서의 한무더기 노숙들이 아직 잠꼬대를 하고 있던가?"
중이 대답이 없었다. 오운이 대신 말하되,
"홍이 아직 그치지 않았습니다."
나중에 어떤 중이 법안 화상에게 물었다.
"운문의 뜻이 무엇이었습니까?"
"가련한 운문이 그 중의 감정을 받았구나."
오운이 말하되,
"어디가 운문이 감정을 받은 곳인가?"
법안도 중의 심사를 받은 것이다.

우물을 파는데 모래가 샘 구멍을 막으니, 법안이 어떤 중에게 물었다.
"샘 구멍이 통하지 못하는 것은 모래가 막아서 그렇거니와 도의 안목이 통하지 못하는 것은 무엇에 막힌 것인가?"
대사가 스스로 대신 대답하되,
"눈 때문에 막혔소."

장마폐왕(障魔蔽王)이 권속을 거느리고 천 년 동안을

금강제(金剛齊) 보살을 따라다녔으나 일어설 곳을 보지 못하더니 어느 날 발견하고 물었다.

"그대는 어디에 머물러 있었기에 내가 천 년 동안 권속을 거느리고 그대가 일어설 곳을 찾아도 찾지 못했는가?"

"나는 머무름 있음에 의하지 않은 채 머무르며 머무름 없음에도 의하지 않고 머무르니, 이렇게 머무르노라."

법안이 이를 듣고 말하되,

"장마폐왕이 금강제를 보지 못한 것은 그만두고 금강제는 장마폐왕을 보았을까?"

긴나라왕(緊那羅王)이 무생악(無生樂)을 아뢰어 세존께 공양했는데 왕은 분부하기를,

"유정이나 무정은 모두 왕을 따라가라. 만일 한 물건이라도 따르지 않는다면 왕은 부처님의 처소에 갈 수 없다." 하였다.

또 무염족왕(無厭足王)이 대적정에 들었는데 왕이 분부하기를,

"유정이나 무정이 모두 왕을 따르라. 만일 한 물건이라도 따르지 않으면 왕은 대적정에 들 수 없다."고 했다.

운거석(雲居錫)이 말하되,

"유정이 가는 것은 그만두고 산하대지는 무정의 물건인데 어떤 것이 왕을 따라간다고 말할 수 있는 도리일까?"

'함이 없고 일이 없는 사람에게 어째서 금사슬의 환난

이 있습니까?'라는 말이 있다. 운문 화상이 처음 설봉 화상을 친견하러 갔을 때, 설봉장(雪峰莊)에 도착한 운문이 한 중에게 설봉의 상당시(上堂時) 팔뚝을 걷어붙이고 앞에 나아가,

"이 늙은이야, 무엇 때문에 목에 씌운 칼을 벗지 못하느냐?"라는 말을 부탁했다.

그것이 그 중의 말이 아니라는 것을 안 설봉이,

"대중들이여, 장(莊)에 가서 오백 명을 지도할 선지식을 모셔오너라!"

운문 화상의 상당법어가 있다.

"고불(古佛)과 노주(露柱 : 벽속에 묻혀 있지 않은 기둥)가 서로 사귀니, 이것은 어떠한 기틀인가?"

스스로 대신하여 말하기를,

"남산에서 구름이 일어나니 북산에서 비가 내린다."

나는 운수로 다닐 적에 조그마한 선문(禪門)을 하나 걸망 속에 넣고 다녔는데, 이 대목을 보고 그렇게 즐거울 수가 없었다. 고불과 기둥과의 대화라니, 양개석인상이어 등등이 모두 운수객들만의 행복한 잔치가 아니겠는가!

삼독三毒 번뇌를 버리고

 나는 처음 해인사에 입산하여 그 해 겨울(50년대 말) 행자(行者) 과정을 끝내고 통도사 극락암으로 경봉 노사 시봉(侍奉)을 들러 왔다.
 노스님을 가까이 모시면서 참선(參禪)도 배우고 평생 수행하신 분의 모든 면에 어렴풋이나마 젖어들기 시작했던 것 같다. "너는 내 시봉할 때가 제일 좋을 때인 줄만 알거라." 노스님의 말씀이지만 지금 생각해 보니 그때가 제일 푸근했고, 또 정말 행복했던 같다. 옳게 선도 배울 수 있었고 또 선문(禪門)도 원없이 읽을 수 있었으니까.
 노스님의 처음 인상은 근엄하신 스님이라기보다는 말할 수 없이 자상하고 인자하신 그런 할아버지 같았다. 노스님 주위의 제자들이나 신도들은 인자하면서도 감히 근접할 수 없는 위엄에 마음속으로부터 우러나오는 끝없는

존경심을 가졌다. 노스님은 누가 오든지 차별을 두지 않고 그 사람의 형편에 따라 말씀을 해주시곤 하였다.

하루는 누가 무슨 근심이 있었던지 수심이 하나 가득 드리워진 얼굴을 하고 노스님께 절을 하고 앉자, 스님께서는 안경너머로 지긋이 쳐다보더니 등어리를 철썩 치면서,

"네가, 인간이 웬 화기(火氣)가 그렇게 꽉 찼노. 수심 걱정보따리를 확 풀어버리거라. 그걸 뭐하러 꽁꽁 싸짊어지고 다니노, 응?" 하시며 자상하게 법문(法門)을 들려주자 그 사람은 실컷 울고 난 어린아이 얼굴처럼 편안한 모습으로 돌아갔다.

누가 법문을 청하자,

"내가 인생의 처세에 대해서 일러줄 터이니 그대로 행하겠나?"

"예. 큰 스님을 뵙는 것만 해도 송구스러운 일인데 여부가 있겠습니까?"

"그래 그러면 일러주는 대로 꼭 행하거라. 첫째, 자네가 신경질이 있고 고집이 세고 성질이 급하니 그것을 고치라고. 고무줄처럼 잡아당기면 늘어나고 놓으면 오무라들고 그렇게 마음을 신축성 있게 써야지 너무 강하고 팽팽하면 부러진다. 총알이 딱딱한 나무판자나 얇은 철판은 뚫어도 솜이불은 뚫지 못하듯이 부드러운 것이 딱딱한 것을 이긴다. 그러니 자네의 신경질과 고집과 성급한 것을 고치게."

또 누가 법문을 들으러 왔다. 시자니까 옆에서 자주 법문을 듣게 된다.

"내가 자네의 성격을 교정시켜 줄 터이니 잘 이행하겠나?"

"예. 감히 어느 어르신의 분부라고 이행하지 않겠습니까?"

"자네가 성질이 급하고 신경질이 있고 고집이 강하다. 그것을 고쳐라."

"예. 분부대로 꼭 명심하겠습니다."

또 어떤 사람에게 법문을 해주시는데,

"성질이 급하고 감정이 나면 얼굴이 울그락불그락해지고 고집이 강하니 그것을 고쳐라."

그때 생각으로는 세상 사람들의 성격이 국화빵 찍어내듯 그렇게 닮은 꼴이 아닐 텐데 하는 생각도 들었다.

노스님께서 입적(入寂)하신 지 십여 년이 지난 지금 생각해 보니 아주 고준하신 성격이라서 90노년까지도 밥이 질면 안 자실 정도로 고두밥을 즐기셨고, 노사께 좀 뭣한 말씀이지만 시자때 스님께서 "어라, 어라" 하면 감히 누가 재언도 못부치고 끝나는 것이었다. 이것은 고집이라기보다 확고부동한 신념이다. 19세부터 쓰신 일기를 91세 열반에 드시던 해까지 하루도 빼놓지 않으신걸 보면 알 수 있다. 그래서 아마 대도(大道)를 이루셨나 보다.

빛의 삼원색인 빨강·노랑·파랑처럼 사람들의 성격의 삼원소는 성급함, 고집, 신경질 등인가 보다. 선가(禪家)에서는 중생들의 미망을 셋으로 나누었는데 탐욕과 성냄과 어리석음을 삼독(三毒) 번뇌라 하였다. 이것을 삼취정계(三聚淨戒)로 승화시키기 위해서는 항상 계행을 지녀서 탐욕을 경계해야 하니 맹세코 악을 끊는다는 말이 그렇게 쉽지는 않은가 보다.

육조(六祖) 혜능(慧能) 스님께서 와륜 선사(臥輪禪師)의 게송을 적어왔다.

　　臥輪有伎倆
　　能斷百思想
　　對境心不起
　　菩提日月長

　　와륜은 재주가 있어서
　　능히 백 가지 생각을 끊노라
　　경계를 대함에 마음이 일어나지 않으니

보리(道)가 나날이 자란다.

이 게송을 육조 스님이 보고는 이 게송은 심지(心地)를 밝히지 못한 것이니 만일 이대로 행하면 더욱 얽매인다 하고는 게송으로 보이시기를,

惠能沒伎倆
不斷百思想
對境心數起
菩提作摩長

혜능은 재주가 없어서
온갖 생각을 끊지 못하노라
경계를 대해 생각이 자주 일어나니
보리가 어찌 자라리오.

먼저 젖는 것이 본성이며 불은 뜨거운 것이 본성이며 사람은 느껴 아는 것이 본성이다. 영겁토록 느껴 아는 우리들이 기쁨과 슬픔을 거느리며 가야 할 여행길, 무릇 이 유정(有情)들, 나그네들 손에 무엇인가 하나씩 쥐어주어야 하는 소임이 선자(禪者)들이리라.
— 월간 〈에세이〉 94년 10월호

생활 속의 진리(1)

봄을 찾으러 이 산 저 산 헤매다
허탕치고 집에 돌아와
후원 매화가지 휘어잡아 향기 맡으니
봄은 벌써 가지마다 무르익었네.

이 시는 옛날 어느 스님의 오도송(悟道頌)이다. 행복 또는 진리를 멀리 밖에서 찾지 말라는 말이다.
　예전부터 선사들에게 가르침을 물으면 어이가 없을 정도로 평범한 일상생활 속의 말을 인용하여 들려준다. "차 마시게." "떡 먹어라." "밥 먹어라." 또는 손가락을 들어보이거나 발을 구르거나 멱살을 잡아 한바탕 메어치거나 한다. 이것이 모두 자기에게 있는 황금보물창고를 찾아서 진리의 광명 속에 수용하라고 가르쳐주는 큰 자비의 말씀인 것이다. 이것은 비유도 아니요, 상징을 뜻하는 말도 아

니요, 진리는 바로 자기 안에 있음을 가르쳐준 것이다.

　이렇게 분명하게 자기의 진면목을 단적으로 확실하게 규명시켜주는 어른이야말로 고마운 분들임을 알아야겠다.

　우리 생명의 원천과 본질에 대한 규명 없이 어떻게 이 고달픈 생사윤회의 고통을 해결하겠는가. 운수납자들이 수행을 하다가 큰 스님께 의문이 나서 물어보면 말이 길지 않으셨다. 단지 손가락을 들어보이실 뿐이다. 이것이 참선의 제일 요긴한 관문이다. 이 관문을 지나야 한 곳을 뚫으며 한 낌새를 밝히면 온갖 것을 한꺼번에 밝히는 것이다. 그래서 지금도 선방에서는 선승들이 젊음과 한 평생을 바쳐 밤잠을 아껴가면서 이것에 골몰하는 것이다. '이 도리가 무엇인가?' 참구하면서.

　생활의 발견은 곧 자아의 발견이다. 진리는 먼 데 있는 것이 아니다. '진리는 상식적이고 정말 쉬운 거로구나!' 라고 생각될지 모르나 우리의 일상생활 그 자체가 진리라고 착안하는 그것이 매우 중요한 일이다. 이 일상생활을 잘 착안하면 참으로 푸른 하늘을 평지처럼 활보하며 완전한 인격체를 갖추게 된다. 옷 입고 밥 먹고 세수하고 누구를 만나 차 마시고 집에 가서 발 닦고 잠 자고, 이렇게 하는 것을 제외하고 우리에게 또 무엇이 있겠는가? 여기에 한 가지 모자라는 게 있다면 그 일상생활 가운데 주체가 되는 주인공을 모른다는 것이다. 아니 알려고 하지 않고 어릿광대가 되어 그저 한평생 탈춤이나 추며 돌아가는 것이 우리들의 삶이 아닌지 모르겠다.

— 〈국제신보〉 97년 봄

생활 속의 진리(2)

삼소굴 경봉 노사는 생전에 누가 친견하러 오면,
"여기 극락에는 길이 없는데 어떻게 왔는가?" 하고 물으신다.
  그러면 무슨 말인지 몰라서 어리둥절하다가 돌아가려 하면,
"대문 밖을 나서면 돌도 많고 물고 많으니 돌부리에 걸려서 넘어지지도 말고 물에 미끄러져 옷도 버리지 말고 잘 가게나." 하고 껄껄 웃으시니 친견하러 온 이들도 그냥 따라 웃는다.
  젊은 부부가 왔는데 신랑이 각시보다 좀 못하면 신랑보고,
"각시를 하루에 몇 번씩 업어주노?" 한다. 그런데 아무 대답이 없으면,
"각시복에 잘 사는 줄 알아라. 하루에도 몇 번씩 업어주거라."

또 하루는 나이가 좀 든 부부가 왔다.
"아이가 몇이나 되나?"
"머슴아만 셋입니다."
"어이구, 삼만석꾼이면 세 번이나 죽었다가 살아났네. 그래, 영감이 패물을 해주더나?"
"아니요."
"영감한테 금반지 해달라고 해라. 부처님도 여자는 주기(珠璣 : 보석)를 좋아한다고 하셨는데 가장되는 이도 여자가 좋아하는 것을 좀 해주고 부려먹어야지. 또 그렇다고 집안형편이 그렇게 안 되는데 자꾸 해달라고 조르지도 말고."

부부에 관한 가훈이 더 이어진다.
"유도할 때는 지는 것부터 배운다. 서로 의사가 맞지 않을 때라도 서로 양보해야지, 이기려는 데서 큰 소리가 나게 마련이다. 서로 지고 양보했다고 해서 부부는 일심동체인데 자존심 상할 일이 있나, 밖에 나가서 체면이 손상될 일이 있나, 그러니 서로 위하고 잘 살라고."

시자 때는 어린 마음에 큰 스님께서 무슨 저런 세속적인 말씀만 하실까 하였는데 지금 생각해 보니 도에도 밝으시고 또 세상 살림살이에도 환하시니까 불법을 생활화해서 하시는 말씀이다.

서툰 법문은 그저 어렵기만 하고 고담준론(高談峻論)은 생활에 별로 도움이 되지 않는다. '돌부리에 걸려 자빠지지도 말고 물에 미끄러져 넘어지지도 말라'라는 말씀은 사람의 정신을 격동시켜 생생하게 산 정신을 불러 일깨워 주는 말이다.

— 〈국제신보〉 봄

선방의 염화艶話

 세월은 흐르고 흘러 멈추지 않고 유구한 역사와 풍속을 만들며 또다시 그것을 변천시키고 반추시키고 있다.
 옛날에 어떤 노파가 20년 동안이나 한 암주(庵主)를 시봉했다. 어느 날 노파는 딸로 하여금 암주는 꼭 껴안게 하고,
 "이러할 때에 어떠하십니까?"고 묻게 했다.
 그러자 암주는,
 "마른 나무가 찬 바위에 기대었으니 삼동에 따뜻한 기운이 없도다."고 하였다.
 딸이 놀러와서 노파에게 이야기를 전했더니 노파는,
 "내가 20년 동안이나 속한(俗漢)을 공양했구나."하고는 달려가 암자를 불질러버렸다.
 이 짤막한 이야기는 선송의 양대 종전(宗典)인 염송(염頌) 맨 끝부분의 화두(話頭)이다.
 근세에 이 이야기가 여러 법어집에 실리고 그럴 듯하게

항간에 회자되고 있다. 어떻게 했어야 그 노파에게서 쫓겨나지 않았겠느냐? 또는 그 딸에게 무슨 말을 했어야 됐겠느냐? 등등.

이렇게 지적한 사람 중에는 당대의 고승으로 칭송받는 스님도 있고 모두들 상당한 분들이었는데 어째서 그렇게 단순하게 흑백론이나 이분법적인 발상밖에 못했는지 의아해진다.

밀암(密庵) 선사의 말을 빌려보자면 노파와 암주의 경지를 쉽게 말할 성질이 못 된다. 밀암 선사의 말.

"그 노파의 농방(洞房 : 경지를 일컬음)이 깊고 높아서 물샐틈이 없더니 마른 나무에 꽃이 피고 싸늘한 바위틈에 불꽃이 솟았다. 그 암주는 외로운 몸 훨훨 날려 예사로이 넓은 파도에 들어가서 하늘을 치솟는 물결을 천천히 억눌렀으나 마침내 몸에는 한 방울의 물도 묻지 않았다. 한 줌의 버들가지를 거둘 수 없어서 바람부는 대로 옥난간에 맡겨두노라."

그 암주 스님은 청정한 율사(律師)이고 대단한 경지의 선사였으며 그 노파야말로 참으로 멋있는 도인 할매였던 것이다.

방망이에는 눈이 있고 치고 맞는 데도 벌의 방망이가 있으니 암자를 불사른 일이 가리기 예사로운 일이 아닌 줄 알아야 한다.

— 〈국제신보〉 봄

칼

 '절벽에는 길이 없고 칼날 위엔 길이 있다'라는 말이 있다. 절대절명(絶對絶命)의 위기 상황에서 빠져나갈 수 있는 유일한 길을 제시하는 활로를 가리키는 말이다.
 칼이라는 개념을 위험한 흉기로 생각하기 전에 우리가 이 세상을 살아가면서 무엇 한 가지 보람된 것을 이루어 놓고 가려면 좀더 정신을 활활 불태울 수 있고 독야청청(獨也靑靑)해야 하지 않을까 해서 칼 이야기를 시작한다.
 예전에 보검을 만들 때 장인(匠人)이 칼을 풀무질해서 벌겋게 달군 데를 백 번이고 천 번이고 망치로 두들겨서 쇠똥과 잡철을 다 빼낸 뒤 물에 담궜다 꺼내는데, 마지막 담그는 그 물의 온도가 보검의 수준을 좌우한다고 한다.
 그런데 장인이 쇠를 달구어 망치로 두드릴 때에 장인의 정신이 이미 전달되는 것이 아닌가 생각된다. 쇠를 달구어서 쇠똥이 다 빠지도록 두드리는 과정, 이것이 인격도

야의 과정인 것이다.

예전에 보검을 만드는 유명한 장인이 있었다. 그 장인에게 제자가 여럿이 있었는데 그 가운데 맏제자가 제 스스로 생각하기에 스승의 솜씨가 자기만 못하여 보였다.

그래서 하루는 자기가 마음먹고 만든 칼을 스승 몰래 스승님 방에 갖다놓았다.

"!"

스승이 일변 놀라매,

"아하 이 녀석의 짓이구나." 속으로 짐작을 하며 제자들을 한 자리에 모아놓고는 말하기를,

"누가 내 방에다 보검을 만들어서 갖다놓았는데 무슨 뜻인지는 모르겠지만 다들 보거라. 만약에 내가 가르친 대로 실행을 해서 열과 성을 다했으면 모르겠거니와 그렇지 않으면 어림도 없는 것이다." 하고는 스승 자신이 만든 칼을 땅에다 놓고 제자더러 잡고 있으라 했다. 그리고는 제자가 만든 칼로 에잇! 하고 내리쳤더니 제자의 칼이 반동강으로 갈라지는 것이 아닌가. 그 맏제자의 기량은 스승과 비교할 때 무어라고 표현할 수 없는, 아니 말로써 전할 수 없는 딱 한 수가 부족하였는가 보다.

어떤 검(劍)의 달인이 외나무 다리 위로 늙은 선객(禪客)이 지나가는 것을 보았다.

선수를 쳐서 어떻게 해보고 싶은 충동이 일어났는데 그 노장을 자세히 보니까 몸 한 군데 칼 꽂을 틈도 없으려니

와 살기가 등등한 품이 어설프게 달려들었다가는 자칫 잘못하면 오히려 자기가 당할지도 모를 지경이었다.
 그래서 그 노장한테 다가가서,
 "대단하신 무술을 지니신 분 같습니다." 하고 칭송을 하니,
 노장님 말씀이,
 "나를 알아보는 젊은이도 대단한 것 같은데 내가 뒤에서 볼 터이니 한번 외나무 위를 건너보게나."
 그 젊은 검객이 외나무 다리를 건너는데 노장이 뒤에서 보니 그 젊은이도 역시 어느 한 군데 빈 틈이 없었다. 노장이 젊은이를 칭찬해 주고 서로 의가 통하여서 함께 여행을 떠났다.
 늦가을 벌판에 주렁주렁 열린 사과밭을 지나가다가 배도 고프고 목도 말라서 둘이서 사과밭에 들어가서 사과를 따 먹었다.
 문득 젊은 검객이 그 노장을 보니까 이건 너무 한심스러운 일이 아닌가! 어떻게 풀어놓은 무방비 상태인지 칼은 고사하고 젊은 혈기에 한번 걷어차도 노장은 곧 한방에 날아갈 것만 같았다.
 "아니, 노장님 웬일이십니까?"
 "무얼 가지고 그러나?"
 "아까 외나무 다리 위에서는 바늘구멍만한 틈도 없으시더니 웬일이십니까?"

"우하하하, 야 이 사람아, 그때는 자네를 발견하지 않았으니 살기(殺氣)를 느끼고 그랬지만 지금은 자네와 친구로서 여행을 하고 있지 않은가? 그런데 자네를 보니 아까 다리 위에서처럼 아직도 팽팽하게 중무장을 하고 긴장을 풀지 않고 있으니 자네야 말로 앉고 설 자리를 모르는 사람일세. 때와 장소를 가려서 행동해야 되지 않겠는가!"

젊은 검객은 그 자리에서 삼 배를 올리고 스승으로 모시기를 다짐하였다 한다.

그리고 검사들은 서로 칼을 상대방에게 겨누고 상대방의 눈을 쳐다볼 때 눈에서 쏟아지는 기운이 자기를 압도할 때는 칼을 땅에 놓고 무릎을 꿇고 한쪽 손으로 땅을 짚은 채 목을 늘인다고 한다.

기(氣)와 기(技)에서 이미 한 수 졌으니 처분껏 하시라는 뜻이다. 항장은 불사〔降將不死〕라, 이미 항복하였는데 칼에 비린내를 묻힐 필요가 없으니 너그럽게 용서한다고 한다.

개들도 서로 싸우다가 역부족이면 상대방에게 목을 길

다랗게 늘인다고 한다.

취모리(吹毛利)라는 용어(用語)가 있는데 이것은 칼이름이다. 즉 털을 칼날 위에 놓고 '후' 하고 불면 털이 잘라진다는 말이다. 무서울 지경으로 예리한 칼이다.

선가에서는 정신통일로 얻은 지혜를 이 취모리에다 비교한다.

경봉 노사의 선문답에 '보검불참시(寶劍不斬屍)'라는 말이 나오는데 문자 그대로 송장은 베이지 않겠다는 뜻이 아니라 너무 수준 차이가 많이 나고 어처구니가 없어서 상대하기가 민망하다는 뜻이다.

끝으로 선가에서 이런 화제가 있다.

선방에서 누가 "칼소리가 난다." 하자 옆에 있던 이가 수건을 던져주었다.

이 무더운 여름, 피서 갈 필요도 없는 서늘한 일구(一句)이다.

차茶 이야기, 선禪 이야기

    소금이 바닷물에서 나지만 물에 들어가면 녹으며, 봄이 오면 비바람으로 꽃을 피우지만 또 비바람 때문에 꽃이 지고, 여인의 몸에서 사람이 태어나지만 여인에 의해서 스러진다고……. 시자 때 노스님께서 들려주시던 경책(警策)의 말씀이다.

    쭈구렁 밤송이(경상남도 방언으로 '뿍떡밤송이'라고도 한다) 삼 년이라는 말처럼 선방(禪房) 한 구석에서 찌든 때가 묻도록 지내며 아무 생각 없이 틈틈이 마셔댄 차(茶) 때문에……. 너무 독하게도 짜게 마셔댄다는 빈축을 사지만……. 이젠 봄 비바람의 보상을 톡톡히 당해야 하나보다.

    선(禪)을, 차(茶)를 이야기하자니 그런 벌이 또 어디 있겠나. 선화(禪話)는 유마(維摩)의 묵언만한 광희(狂喜)로움이 없으며 차(茶) 또한 혼자 마심이 비의(秘儀)라 하지

않았던가! 그러나 천하에 허구많은 일을 다하고 가는 이
는 없더라. 허구많은 일들을 사람들이 하고 간 뒤 뒤에 사
람들이 또다시 반복한다.

'천하위위사(天下爲爲事) 위위부진위(爲爲不盡爲) 위
위인거후(爲爲人去後) 래자복위위(來者復爲爲)'

우암(尤庵) 선생의 말씀이다. 대인다운 금도(襟度)를
지닌 말씀이다. 사람이 그저 열심히 성실하게 한 세상을
살며 자기의 인격 완성, 아니면 어떤 소망을 다 이루고 가
기는 어려운 일이다. 하지만 세상 일을 저 혼자 다해야 하
고 저 아니면 안 된다는 사고방식의 사람에겐 좋은 교훈
이 아닐 수 없다. 그저 조용히 분수대로 질서 속에 살아가

노라면 자기가 못 다하
고 못 이룬 그 허구많은
일들을 뒷사람들이 또
알아서 잘 해나간다는
말이다. 하지만 차 이야
기는 나의 분외(分外)일
것만 같다.

'차선일여(茶禪一
如)' 또는 '일미(一
味)', 이 말을 인용해서
쓰는 이들이 더러 있고
훌륭한 해설을 곁들이는

것을 본 일이 있다.
 선가(禪家)의 입장에서는 그렇게 아름다운 표현을 붙일 여유가 없다. 차는 바로 일용할 양식이기 때문이다. 우리 밥상에 김치와 간장, 된장과도 같은 것이기에.
 일 년에 두 번씩 하는 포행(布行) 시간이라고 하는데 피곤한 상태에서 정신집중이 순일하게 될 턱이 없다. 그래서 일완청다(一椀淸茶)를 음미하기에는 절호의 찬스다. 십 분이지만 물을 금방 끓여 한 잔 마시기엔 아주 충분한 시간이다. 그런데 한 주발 차가 어떤 역할을 하는가는 그 다음부터 알 수가 있다. 흐릿하고 늘어지던 의식세계가 당장 활기차고 무언지 모를 기운이 몸속 전체에 가득 차는 그런 느낌이다.
 다산(茶山) 선생의 "차를 마시는 민족은 흥한다"는 대목이 절로 수긍이 가는 순간이다.
 시자 때는 전기도 없고 풍로에 숯불을 피워 차를 다려야 했는데 차맛에 익숙해지고부터는 불을 피우는 것이 귀찮다는 생각이 전혀 들지 않았다. 운수객(雲水客)으로 이 선방 저 산중으로 행운유수(行雲流水)로 다닐 때 걸망 속에 몇 가지는 꼭 들어 있었다. 우선 금과옥조인 선문의 제일서인『벽암록(碧巖錄)』, 차 몇 통과 도구, 그리고 냄새 절은 뜨내기 행구(行具) 등……. 차 마시기 삼십 년이지만 차는 무엇인가를 단적으로 말하려면 점점 더 어려워만 가는 것 같다. '차여군자성무사(茶如君子性無邪)'라 했던가! 아니 말할 수 없이 크고 강하고 넓은 그런 면을 조용히 모용하고 있는 것이 차의 세계가 아닌가 하고 어렴풋이 느껴보기도 한다.

차를 비비러 지리산 화개에 처음 가서의 일이다. 미처 다 볶지 못해서 마루에 대소쿠리로 엎어 놓았다. 아직 초봄이라서 쌀쌀한 날씨였는데 이튿날 아침에 차잎을 헤쳐 보니 속이 까맣게 뜬 것이 아닌가. 몹시도 열물인가보다. 곡우 전의 여린 잎을 처음 볶아서 우선 한잔 음미해 보니 그 맛의 향기는 틀림없는 춘란의 맑은 향기 그대로였다. 차를 다룰 때 배건차(焙乾茶)일 경우 특히 유의해야 할 일은 몇 차례 솥에서 덖지만 처음 솥에 넣어서는 뜨겁더라도 그냥 솥에서 비벼야 한다.

차의 고마움, 차의 진가, 그것은 이루 다 말을 할 수가 없다.

불국사 선원에서 지낼 때의 기억이다. 겨울 안거 때인데 9시에 방선(放禪)을 하면 6시간 자고 3시에 입선(入禪)을 한다. 그런데 차 마시는 방에서 9시부터 다우(茶友) 선견(禪見) 스님과 차를 마시기 시작하면 보통 12시까지 계속된다. 3시간밖에 못 자도 잠이 부족하다고 생각한 적은 한 번도 없었다. 그리고 차 덕분에 겨우내 정신집중의 즐거움을 누렸으니 선은 차 마신 양만큼…… 이랄 수도 있다.

항간에는 나더러 차를 진하게 마신다고들 하지만 실은

효당차성(曉堂茶聖)의 차가 더 진했으며 세검정에 살던 한도 거사의 차는 너무 짜서 소태처럼 쓴맛이 아직도 기억난다.

가장 아름다웠던 다회(茶會)는 부산 청남(青南) 선생의 서실로 기억되는데 그 당시(1970년 전후) 효당, 육천, 유당, 향파 선생 등이 가끔 모여서 다회가 벌어지면 정말 노선(老仙)들의 모임이었다. 다시 뵙지 못할 노다선(老茶仙)들……

차는 향기롭고 이 세상 무엇보다도 품위가 있는데 차는 동양학과 그 깊이와 맥을 같이하고 있다.

차의 향기가 짙은 것은 선게(禪偈)의 독특 미묘함 때문일 수도 있겠다.

조주(趙州)에게 선객이 가면 차 한잔 들라고 한다. 조주의 한 주발 청다(淸茶)는 선가의 넉넉한 살림살이이다.

'월여만궁(月如彎弓) 소우다풍(少雨多風)', 달은 시위를 당긴 활 같은데 바람만 거세고 비는 뿌리는 둥 마는 둥……. 이는 풍광(風光)을 읊은 글이 아니다. 여기에 조금만 색채를 부여해 보자. 어차피 차의 원류는 선 그 경지에서 갈라놓을 수 없이 함께 맥을 이어왔으니……. 조선조 환성(喚惺)의 선시(禪詩)를 하나 읊조려 보자.

    西來密旨孰能和
    處處分明物物齊
    少院春深人醉臥
    滿山桃李子規啼

    선의 은밀한 뜻 어떻드뇨
    어디든지 분명해서 만물이 가지런하네
    뜨락에 봄 깊어 취해 누웠는데
    울긋불긋 복사꽃에 소쩍새 우네.

조주의 청다淸茶, 끽다거喫茶去

절에서 맛있는 간식을 차담(茶談)이라 부른다. 지금도 "차담 드십시오", 아니면 시자에게 "차담 가져오너라" 등등 제일 듣기 좋은 일상용어로 쓰인다.

그래서 이런 글이 있다. '승소소시승소소(僧笑小時僧笑小) 객담다시객담다(客談多時客談多)'라고 승소는 떡, 국수 등을 말하고 객담은 술을 말한다. 승소가 적으니 중 웃음이 적고 술이 많으니 자연 객담이 많아진다.

조주의 청다(淸茶). 흔히들 조주다를 많이 들먹이는데 어떻게 된 이야기인가?

조주가 어떤 중에게 묻되,

"전에 여기 와본 일이 있던가?"

"예. 왔었습니다."

"끽다거하라(차나 마셔라)."

또 다른 중에게,

"전에 여기 와본 일이 있던가?"
"와본 일이 없습니다."
"차나 마셔라."
원주(院主)가 보고 말하기를,
"와본 일이 있던 이도 차나 마시라 하고 온 적이 없었던 이도 차나 마시라 하십니까?"
"원주!"
"예."
"차나 마셔라."

와봤다거나 처음이라 하거나 권하는 자. 우리가 일상생활에서 평상스럽게 마시는 게 차인데 그 평상스러움이 문제다. 평상(平常), 이것 빼놓고 무엇이 있는가? 그래서 천하에 노고추(老古錐 : 날카로운 송곳), 노고불(老古佛)인 조주의 청다인 것이다.

비슷한 시대의 취암(翠巖)은 여름 해제날 법어에 이르기를 "여름 내내 내가 형제들에게 이야기 해주었는데 그래, 자네들은 취암의 눈썹을 보았는가?" 취암의 눈썹. 구태여 눈썹 아니라도 좋다. 옆의 사람이 보이는가? 만약 보인다면 그래도 꿈 가운데 일 것이다.

뒷날 운문(雲門)은 여기에 붙여서 관(關)이라 했다. 천하납승이 뛰어넘어야 할 관문이란 말이다. 그런데 설두(雪竇)라는 분이 이 관 자에 대해 "돈 잃고 죄를 뒤집어썼다"라고 일침을 놓았다. 즉, '뭣 주고 뺨 맞는다'라는 것이다. 너무 설명해 놓은 것에 대한 엄중한 문책이다.

또 이야기를 차로 돌려보자.

'정좌처다반향초(靜坐處茶半香初) 묘용시수류화개(妙用時水流花開)', 이것은 송대 황정견(黃庭堅)의 글로 많이 회자되는 글이다. 고요히 앉아 차를 마시는데 묘용시에 물은 흐르고 꽃은 벙근다.

다반향초를 반쯤 마셔도 향기로움은 처음 그대로 일세. 이 말은 오히려 이렇게 설명하면 향기가 죽는다. 우선 차를 딸 때부터 곡우 전에 딴 차라야 되는데 이것은 절기로 봐서 동지에서 양기가 움트기 시작해서 차순에 농축될 대로 된 것이다. 그래서 곡우가 지난 차는 그 모든 것을 잃은 것이다. 우선 우리의 몸과 마음에 잡티를 깨끗이 비우고 이 농축된 우주의 순양(純陽)을 받아야 된다.

다기도 작은 걸로, 또 용심(用心)도 7세 이전으로, 그리고 물도 작게 온도도 열기가 없이 차도 몇 방울로 내 뜨락을 적시게 할 때에 반드시 자기회복(自己廻復)을 갈구해야겠다.

수류화개(水流花開). 물은 흐르고 꽃이 벙근다는 이 말은 상대세계가 아닌 오로지 주·객관이 합일되어 각체(覺體)만이 꽃 피듯이 빛나는 그런 선게(禪偈)이다. 이 황정견, 즉 산곡(山谷)은 한때 한산(寒山)에 광취(狂醉)되었던 거사이다.

지난 12월 20일은 음력으로 10월 그믐인데 여기 극락

선원에서는 전불심인삼십삼조사(傳佛心印三十三祖師)의 추모제를 봉행하는 날이다.

근세의 큰 스님 경봉 노사께서 30여 년 전에 이 행사를 시작하여 통도사원 산중이 다 모이고 인근의 사부대중(四部大衆)이 다 모여 성대하게 봉행한다.

이날이 되면 노사께서는 법어를 하시는데 "조사일거무소식(祖師一去無消息)터니 문외홍교여반월(門外虹橋如半月)이라." 즉 '조사가 한번 간 뒤 소식이 없는가 했더니 문밖에 무지개 다리가 반달 같더라.' 이 말씀은 늘 하신 게송으로 기억된다.

노사님도 생각나고 또 식순에 의하여 월하(月下) 방장(方丈) 큰 스님의 "부지런히들 수행해서 금년 동안거에는 조사의 지위에 들어야겠다"라고 하신 격려의 법어에 이어나도 불조보은 추모감상의 이야기를 짧게 하기를, 우리가 그 깊고 광대한 부처님 조사님의 은혜를 갚는 길은 그저 어쨌던 하루 삼시세때 밥 잘 챙겨먹고 잘 졸고 있는 데 있다고. 쉬운 이야기 같지만 삼시세때 밥 잘 챙겨먹는 것이 정진 중 제일 큰 활구(活句) 정진이며 하루 10시간 잘 조는 것도 여간 득력(得力)해 가지고는 힘든 일이다.

예전에 젊은 수좌 둘이서 이야기하기를 도반(道伴)더러,

"어이 우리 이럴 게 있나? 귀찮고 그러니 우리 가자." 하니,

"응, 그래 가자." 하고선 둘이서 좌정한 채 스르르 가버렸다.

조실 스님이 두 수좌의 등을 쓰다듬으며,

"앉아서 벗어버리고 서서 가는 거는 없지 않지만 조사의 뜻은 꿈에도 보지 못한 놈들이로구나!" 하고 등어리를 후려쳤다.

하루 삼시세때 밥 잘 챙겨먹고 잘 조는 일이 쉽지 않다는 뜻이 여기에 있는 것이다.

고요히 사유思維하는 그것에서부터

 계절의 절기가 음력으로 입춘에서 곡우까지 88일 상간이다. 그래서인지 일본에는 팔십팔야차(八十八夜茶)도 있고 팔십팔야(八十八夜) 노래도 있다.
 음력이 양력보다 과학적이고 아주 합리적으로 되어 있는 것은 음력 정월달이 되면 신춘의 새봄 기운이 완연한 것만 보아도 알 수 있다.
 봄. 만물이 소생하고 소망과 사랑으로 일 년을 설계하며 희망에 부푸는 푸른 빛깔의 계절이다.
 차는 죽로(竹露)니 죽명(竹茗)이니 하는 대나무와 많이 연관지어져 있다. 그도 그럴 것이 같은 상록수이며 또 대밭 그늘에서 자라 차가운 대잎의 이슬을 받아 머금고 자란 차가 상품(上品)에 속한다니까.
 고풍(古風)한 절 대밭, 정월달 찬 시냇물…… 대숲에 스치는 바람소리, 차가운 시냇물 대밭과 찬 시냇물엔 차

향기가…… 이것이 산가(山家)의 무한한 염원이다.

　추운 겨울 내륙지방의 시골 황토길을 실컷 다녀볼 만하다. 초가지붕들이 더 사라지기 전에……. 바람과 햇살에 누렇게 빛이 바래져버린 대밭, 대궁만 서 있는 담배밭길. 중국 사람들은 여행길엔 큰 대밭을 만나면 너무나 좋아서 몇 일이고 서성거리다가 떠난다고 한다.

　선(禪)은 정(靜)을 의미한다.

　물론 정 그 자체가 목적은 아니지만 정려(靜慮)라 고요히 사유하는 그것에서부터 시작인 것이다.

　그 맛을 풍기는 글들이 있는데 최치원(崔致遠)이 임경대(臨鏡坮)를 읊은 끝구절이 그것이다.

　　何處孤帆飽風去 瞥然飛鳥香無蹤

　　어디메로 불룩한 돛단배가 가는가
　　새떼들이 나르다가 가물가물 흔적 없네.

　당대(唐代) 시성(詩聖) 두보(杜甫)의 비가(悲歌) 중엔 이런 글이 있다.

　　黃蒿古城雲不開 白狐跳梁黃狐立

　　다북쑥만 우거진 어둑한 옛 성터
　　흰 여우는 뛰어오르고 누런 놈은 서네.

이 글을 대하면 그야말로 짙은 동양화와도 같은 쓸쓸한 전설의 빛바랜 색조에 어쩔 줄을 모르게 된다.

왕유(王維)의

行到水窮處 坐看雲起時

물이 끝나는데 이르러
구름 피어오르는 걸 본다.

이 글도 좋지만 역시 선게(禪偈)는 선사의 상주물(常住物)인가 보다.

髑髏 識盡喜何立 枯木龍吟銷未乾

髑髏 識이 다하니 기쁨인들 어찌 있으며
고목의 바람소리 용의 울음 같아도 아직 미완(未完)이네.

설두(雪竇)의 송(頌)인데 촉루식은 제팔식을 말하며 그 것이 다한 대사일번(大死一番)에서 다시 삶을 얻은 환희이며 속이 텅 빈 고목나무에 바람이 부니 흡사 용의 울음소리를 내는 경지라도 미완이라는 말은 불긍정(不肯定)이 대긍정(大肯定)이란 말이다.
  예전에 꿈을 해몽해 주고 살아가는 이가 있었다. 그 나라 임금이 그 사실을 알고 생각하기를 꿈이란 허망한 것

인데 그것을 해몽해 주고 살아간다니 이것은 반드시 사람을 속이고 물건을 받는 짓일 것이다. 벌을 주어야 겠구나, 하고서는 그 해몽하는 이를 대궐로 불러들였다.

　임금이 억지를 써서 그 사람을 죽이려고 하는 말이,

　"짐이 간밤에 꿈을 꾸었는데 대궐 용마루에 기왓장 하나가 비둘기가 되어 날아가더라. 이것이 무슨 조짐이냐?"

　"예, 임금 그것은 궁중에서 어느 한 사람이 죽을 조짐입니다."

　"저놈을 당장 옥에 가두거라."

　임금은 꿈을 꾸지도 않고서 그런 황당무계한 이야기를 꾸며댔는데 그것을 해몽하였으니 틀림없는 엉터리 수작일 게라고 자신만만해하며 하루를 지내보고 요사스럽다는 죄목을 씌워 죽이려는 음모인 것이다.

그런데 막상 한 나절이 지나자 갑자기 궁녀들이 싸움을 하다가 궁녀 하나가 죽었다. 임금은 꾸지도 않은 꿈 이야기를 지어서 하였을 뿐인데 해몽한 대로 사람이 죽었으니 하도 이상해서 그 해몽하는 이를 불러다가 물었다.

"네가 꿈을 해몽해 주고 살아간다기에 짐이 생각해 보니 꿈이란 허망하기 이를 데 없는 것인데 사람들을 속이는 것이 아닌가 하고 너를 죽이려고 일부러 꾸지도 않은 꿈을 꾼 것처럼 말했는데 네가 해몽한 것과 같이 사람이 죽었으니 어찌된 일이냐?"

"예, 임금님 실은 꿈이란 허망한 것입니다. 그리고 임금님께서 잠 속에 꾸는 것만이 꿈이 아니라 대낮에 눈을 뜨고서도 한 생각이 일어나면 그것이 곧 꿈이라서 그렇게 된 것입니다."

좋은 생각이든 나쁜 생각이든 한 생각 일어나면 그것이 꿈이다. 그래서 용심이 얼마나 중요한 일인가 알아야 한다. 아주 현명한 임금이라서 그 해몽하는 사람을 몹시 칭찬해 주고 상을 후하게 주어 보냈다 한다.

희망에 찬 계절인 봄. 그 해몽가의 말이 아니더라도 밝게 살아가는 사람과 그렇지 못한 사람은 살아가며 생각해 가는 발상부터 무언가 다르고 차이가 난다.

아무리 어려운 역경에 처해 있더라도 겨울이 지나면 봄이 머지 않았듯이 참고 밝은 희망의 태양을 가슴에 안고 있으면 머지않아 축복이 오리라는 신념을 지니고 살아야 한다. 하루 온종일 퍼붓는 소낙비는 없는 법이니까.
 어떻게 생각하고 어떤 기상으로 어떻게 살아가야 하는가? 가슴에는 무엇을 하나 가득히 품고 살아야 하는가? 그것이 얼마나 중요한 일인가는 다음 소개하는 두 사람의 싯구에서 음미할 수 있다. 두 선비가 이 글을 짓고 나서 십년독상(十年獨相), 즉 영의정을 지냈다 한다.

萬樹繁陰鸚世界 一江疎雨鷺平生

우거진 숲은 앵무새 세계요
추적추적 비 내리는 강은 해오라기 평생일세.

千年古木鷹生子 雲山深處虎養精

천년고목에 매가 새끼 치고
눈 덮인 깊은 뫼에 범이 정기를 기르네.

 입춘이 지나고 88야 뒤엔 햅차를 맛볼 수 있는 곡우가 기다려진다. 봄이 오면 내 좋은 벗님 불러다가 호끽일완청다(好喫一椀淸茶) 해야겠다.

이 땅은 축복받은 땅

"무슨 차를 이런 도토리 깍지만한 잔에 요렇게 작게 줍니까?"
"차는 우리 몸을 축이는 게 아니라 영혼에 점다(點茶)하는 겁니다. 차향을 더 진하게 고중하게 피우십시오."
그리고 짙게 짙게 점화(點火)하십시오.
한 잔의 진한 차, 줄기찬 정신집중은 실질적인 과지방(過脂肪)의 세탁과 농축공해에서 조금은 해방될 것이다.
'정좌처다반향초(靜坐處茶半香初) 묘용시수류화개(妙用時水流花開).', "이 글이 어째서 추사 선생의 글이 아니고 황산곡의 글입니까?" 하고 대구차인회에서 왔다는 젊은이들이 말한다. 나도 추사 선생의 글씨는 본 일이 있다.
어떤 책에선가 누가 추사 선생의 글이라 하며 '약장제거무비초(若將際去無非草) 호취간래총시화(好取看來總是花)'라는 글을 소개하는 것을 본 일이 있다.

　이 글도 실은 송대 주자(朱子)의 글을 추사 선생이 쓴 것이다. 즉 베어버리려 들면 풀 아닌게 없는데 좋은 점만 보면 모두 꽃으로 보인다는 말이다. 어느 조직, 어느 단체이든 상하관계나 수평관계에서 정말 필요한 격언이다. 대인관계뿐 아니고 우리의 사고방식에도 정말 필요한 말이다. 모든 것이 베어버릴 풀로 보일 때 우리는 촛불을 켜놓고 기도 한번 하고 모든 것이 꽃으로 보일 때까지 잘못되고 삐뚤어진 내 자화상을 빌고 빌고 달래놓아야겠다.

　자공이 공자님께 묻기를,

　"평생토록 해나가야 할 게 무엇입니까?"

"서(恕)이니라."

남을 용서하고 포용하는 건 참으로 힘든 일이다.

한 세상 살아가자면 인생의 노선이 서 있어야 한다. 유일한 자기 앞의 삶, 한 수 한 수 다시 되돌이킬 수도 물릴 수도 없는 바둑 같은 삶의 노선, 좀 더 진지하게 살아야겠다.

청나라 옹정 때의 일이다.

국사(國師)를 정하였는데 학식, 인품, 계행 무엇 하나 결격사항이 없는, 그야말로 신언서판이 한 나라의 국사로서 손색이 없었다.

그러나 옹정이 보는 눈은 달랐다. 제일 중요한 안목이 트이지 못한 범부(凡夫)를 면치 못한 스님이었다.

많이 알면 무엇하는가? 제 아무리 날고 기어도 도안(道眼)이 열리지 못했으면 당달봉사요 청맹과니인 것을.

문제는, 한 나라의 국사를 정해놓고 스님께서는 이러이러하니 그냥 산으로 돌아가시오, 이럴 수도 없는 것이 공연히 사람 하나 매장시키는 꼴이요, 그냥 국사로 모시자니 제일 중요한 알맹이가 없는 분이니 그럴 수가 없었다.

그래서 옹정이 하루는 중대한 결심을 하고 국사를 불렀다. 앞에 앉혀놓고 시퍼런 칼을 한복판에 꽂아 놓고 선언하기를,

"스님께서는 학덕이나 계행이나 무엇 하나 손색이 없으십니다. 그런데 이 생사문제는 해결하지 못하신 것 같으

니 삼 년을 잘 외호하여 드리겠습니다. 그 동안 견성(見性)을 하십시오"

그 국사는 어떤 심정이었겠나? 황제가 눈앞에서

칼을 꽂아놓고 다짐을 했으니 아무리 어리석은 사람이라도 그것이 무얼 의미하는지 모를 턱이 있겠나. 그날부터 그 국사는 자동적으로 대용맹정진으로 밤낮을 가리지 않고 정진을 시작하였다. 어떻게 편안히 잠이 오겠는가 말이다. 무쇠도 삼천 도만 되면 녹으며, 인간도 그런 최악의 상황에 처하면 못 해낼 일이 없는 것이다.

그날 이후 삼 년의 세월이 잠시처럼 지나갔다. 하루는 옹정이 그 국사를 만나뵙고 말을 건네봤다. 옹정도 눈이 형안(炯眼)이라서 국사가 눈이 트인 것을 알고 내심 떨듯이 기뻐하며 정중히 국사의 예를 베풀고 극진히 맞아들였다.

일은 거기서 끝난 것이 아니였다.

하루는 옹정이 국사를 또 불렀다. 둘이 대면하고 앉자 먼저처럼 그 시퍼런 칼을 방바닥에 또 꽂으면서 선언하기를, "먼저 번에는 국사님께서 생사문제를 해결했으니 이번

에는 나도 공부를 해야겠습니다. 삼년 동안 견성을 하지 못할 경우 달게 처벌을 받겠습니다."

 칼을 앞에 꽂은 것은 황제의 일방적인 권력행사가 아니라 만약 옹정이 공부가 미진할 경우 목을 걸겠다는 비장한 각오였던 것이다.

 그날부터 삼 년이 꿈같이 흘러갔다. 약속한 날 국사와 옹정이 마주앉아 입을 열어보니 옹정도 개안(開眼)한 것이 아닌가. 아마 전생부터 끔찍한 도반이었던 모양이다.

 그후에 둘이서 천하 선지식(善知識)을 점검하였다. 그것이 바로 『옹정어록』 네 권으로 지금도 전하여지고 있다.

 참선(參禪). 쉽게 이야기해서도 안 되고, 할 수 있는 이야기도 아니다. 선방에서나 자기집 방에서나 가부좌하고 한 시간만 앉아봐라 어디 그게 쉬운가. 여름방학 때가 되면 이 지방교육청 주최로 교사 50명 가량 모여서 2박 3일 동안 다도 연수를 하는데 조석으로 한 시간씩 좌선을 한다. 그렇게 힘들어 하고 다리가 아파도 그래도 가장 기억에 남는다고들 한다.

 도처에 선방이 있고, 운수행각하는 젊은 선객들이 있고, 삼천 년 전 싯다르타 태자의 구도하던 가풍이 면면히 이어져 가고 있는 한 이 땅은 축복받은 땅이다.

막신일호莫神一好, 그 보물 같은 수칙

 차를 하는 이를 만나면 반갑거나 조금은 켕기고 또 나도 모르게 어렵게 대하여 왔다.
 운수(雲水)로서 선방에 가지 않을 때는 어른 스님을 시봉해 왔는데, 자연 명사들의 방문이 많았고 차를 대접하고 격조 있는 다담(茶談)에 즐거워하곤 했다.
 조주(趙州)의 살림살이는 일완다(一椀茶)였으니 옛날에 차를 다루는 분들의 격조는 말할 나위도 없겠지만 요즈음 차를 다루면서 과연 자기의 위상이 어떠한가 생각해 볼 일이다.
 시자 때 큰 스님께 차 도구를 지니고 와서 일완청다(一椀淸茶)를 올리거나 선담을 나누던 분들. 차에는 동양적인 고요와 의연한 선비정신과 사기(史記)와 경교(經敎), 그리고 율시가 함께 하고 있으니 무척 조심스럽고 어려운 손님들이었다.

절박한 우리네 입맛엔 서도이니 다도이니 하는 것은 그저 생경스레 여겨지는 단어이지만 그래도 전통문화의 복고이니 (실은 '복고'라는 말에는 좀 더 성실하게 전승하자는 뜻이 있다) 왜색의 겉치레만 따를 게 아니라 선조들의 깊이 스민 얼을 찾아야겠다.

언젠가 막연한 외우(畏友)가 고풍스러운 그림을 평하면서 "선적(禪的)으로 말하자면……" 운운(云云)하기에 "미묘한 것을 표현할라치면 선에다 미루는데 도대체 선이 무슨 조미료도 아닌 바에야 그 발상 자체가 아리송하다고……. 선은 그런 관념적인 것이 아니라 자네들이 뼈를 깎으며 작업하는 창작의 세계에나 비할까, 실로 한 생명의 세계를 창조하는 힘든 역사(役事)야."라고 말한 적이 있었다.

청남(靑南) 선생의 서실에는 산강(山康) 변영만(卞榮晚) 선생의 휘호가 걸려 있다.

그대 산목련 향기를 듣는가　175

"莫神一好 荀子 神者不過習者之門 楊子 行人之所怠 取人之所棄鄙人語"

처음 구절은 순자의 말. 순자는 전국시대의 성악설을 주장한 순황(荀況)을 존칭해서 부른 이름이다. 하나에 미치고 거기에 빠지는 것보다 더 신명나는 것은 없다고. 이 하나란 심성(心性)을 의미한다. 공자의 '오도일이관지(吾道一而貫之)'란 말과도 통한다.

'막신일호(莫神一好)', 간결하고도 정신을 챙겨야 하는 이들이 지녀야 할 보물 같은 수칙이나 자기의 생활습관이나 알량한 고정관념에서 튕겨져 나와 자기의 존재와 좀더 가까워지려면 이 막신일호에 미쳐버려야겠다. 무엇에 미치는 것보다 자기 존재에 파고드는 일에 미친다면 얼마나 좋은 일이랴. 차맛 나는 말이다.

 미치고 싶다. 미치고 싶다. 미쳐봐라. 평생에 한 곳에라도 미쳐보지 못한 사람이라면 참 경건하고도 모범적인 행복한 사람이겠다. 그러나 용기 없는 정신의 소유자는 향상(向上)이라는 지혜의 배에는 영원히 탈 수가 없을 것이다.

 송대의 대혜(大慧) 스님이 담당(湛堂) 스님께 앙굴마라 존자의 법문을 듣고 그 화두에 의심이 풀리지 않았는데, 나중에 호구(虎丘)에서 『화엄경』을 보니 제7지(第七地) 보살이 무생법인(無生法忍)을 얻는데 이르러서 "불자야! 보살이 법인(法忍)을 성취하면 즉석에서 보살의 제8부동지(第八不動地)에 들어가서 깊은 보살행을 하는 것이니 차별 없음을 알기 어렵도다. 일체 상(相)과 일체 생각과 일체 집착을 여의면 끝없고 한량없는 일체 성문벽지불(聲聞酸支弗)이 미치지 못하는 바이며 온갖 시끄러움을 여의어 적멸이 나타나는 것이니, 보살마하살의 보살 마음, 부처 마음, 보리 마음, 열반 마음까지도 일어나지 않거늘 하물며 세간의 마음을 다시 일으키겠는가?"라고 말하니 여기에 이르러서 배주머니('나'라고 여기는 집착, 즉 몸뚱아리)를 잃어버렸다. 자기추구의 진행이 이쯤 되어야겠다. 그래서 '막신일호'의 진행에 미쳐버린 황홀한 경지에서 다시 조주청다를 한 잔 마셔야겠다.

맞기 힘든 매

    산강(山康) 선생의 휘호를 자세히 음미해 보자.

    "莫神一好 荀子 神者不過習者之門 楊子 行人之所怠 取人之 所棄鄙人語"

    "하나에 좋아하고 미치고 통달하는 것보다 더 신명나고 완전한 것은 없다"고 순자는 말했고, "신명나고 완벽한 것은 숙련을 쌓고 쌓는 문에 불과한 것"이라고 양자는 말했고, "사람들이 게을러서 행하지 못하는 바를 행하고 또 버리는 바를 취하겠다"고 산강은 말했다.
    어쨌든 막신일호는 공부(工夫)가 있는 이든 없는 이든 허리에 차고 다닐 만한 금언(金言)임은 틀림없다.
    선문(禪門)에 이런 말이 있다.

鴛鴦繡出從君看 幕把金針渡興人

원앙새를 수 놓아 보일지언정 바늘이야 주지 않는다. 원앙새 수 놓은 것은 일호(一好)의 끝 경지이다. 그런데 그 일호는 자기가 미치고 환장해서 헤매이고 그러는 것이지 그 바늘까지 누가 챙겨주겠나!

원앙새를 수 놓은 것은 일호(一好)의 끝 경지이다. 그런데 그 일호는 자기가 미치고 환장해서 헤매고 땀 흘리며 찾은 보물이지 바늘을 챙겨준다고 수 놓을 수는 없는 것이다. 아니 바늘을 주어봐야 쓸 데가 없다.

근대의 대선지식(大善知識) 수월(水月) 선사께서는 처음 입산하여 공양주를 하면서 대천수주력(大千手呪力)을 열심히 했다. 앉으나 서나 밤이나 낮이나 자는 둥 마는 둥 미친 듯이 오로지 대다라니(大陀羅尼)에 몰입해 들어갔다.

깊이깊이 이 구렁텅이에 아주 푹 빠져버린 것이다. 이 한 곳으로 미쳐 들어간다는 것, 이것이 참으로 삼매인 것이다. 그리고 좋은 때이다.

하루는 그 절 주지 스님이 부엌에서 밥이 타는 것은 고사하고 솥이 통째로 벌겋게 불덩어리가 되도록 불을 때고 있는 수월 선사의 모습을 보았다. 아니 불을 때는 것은 헛동작에 지나지 않고 이 무렵에 이미 불만념지(不忘念智)를 얻었다고 한다.

중당(中唐) 때의 일이다.

한퇴지(韓退之)라 하면 당송팔대가의 한 사람이자 유종원(柳宗元)과 함께 고문부흥(古文復興)에 힘을 쓴 대문장가이다.

흔히들 저술한 『원도(原道)』의 내용이나 상소문인 「불골표(佛骨表)」때문에 배불(排佛)만 한 것처럼 알고 있지만 「불골표」때문에 항주 자사로 밀려난 뒤의 행적은 그렇지가 않다.

한퇴지가 부임하고 나서 그 부근에 조주(潮州)의 대전(大顚) 선사가 고승으로 깊은 추앙을 받은 것을 알았다.

그렇지 않아도 「불골표」때문에 지방으로 밀려나 마음이 편치 않고 고승이라니 도대체 얼마나 고매한가 알아보고 싶은 생각에 기생 홍련(紅蓮)이를 백 일을 기한부로

해서 대전에게 보냈다.

 그런데 아무리 요염한 홍련이도 대전에겐 그저 담담한 일이었던 모양. 기한이 다 차가고 홍련이가 울면서 사실대로 이야기하면서 가면 처벌을 못 면한다고 하자, 진작 그렇게 말할 일이지 하면서 홍련의 치마에다 글을 적어주며 이걸 갖다 보이면 벌보다 상을 받을 것이라고 달래 보냈다.

 글 내용은,

> 十年下不鷲融峰
> 觀色觀空卽色空
> 如何一滴曹溪水
> 肯墮紅蓮一葉中

> 십 년을 축용봉에서 공부에 힘을 썼네
> 색(질량)을 관하고 공을 관하는데 색이 곧 공일세
> 어찌 한 방울 조계(선종)의 물을
> 짐짓 홍련의 잎에 떨구겠나!

 홍련의 치마폭에 쓴 일필휘지를 한퇴지가 보니 한퇴지도 문장이라 우선 글도 좋고 글씨도 좋고 하여 선걸음으로 대전에게 달려갔다.

 대전에게 한 문공이 물었다.

 "제자는 군주(軍州)에 일이 많습니다. 긴요한 말씀 한마디를 일러주십시오."

대전이 한참 아무 말 없이 묵묵히 있느니 문공이 어리둥절하거늘 시자 삼평(三平)이 선상(禪床)을 세 번 치니 대전이 말하되,

"무엇인가?"

삼평이 대답하되,

"먼저 선정(禪定)으로써 동하고 나중에 지혜로써 뽑아냅니다." 하였다.

이에 문공이 삼평에 절을 하고 사례를 하면서 말하되,

"화상(和尙)의 문풍(門風)이 높고 거세어 제자는 시자에게서 들어갈 자리를 얻었습니다."

하루는 한 문공이 대전에게 묻기를,

"호상의 춘추(春秋)는 얼마이십니까?"

대전이 주판을 들어 보이면서

"알겠는가?"

문공이 말하되,

"모르겠습니다."

대전이 말하되,

"낮과 밤으로 백팔이니라."

이튿날 수좌에게 묻되,

"화상께서 어제 말씀하신 그 뜻이 무엇입니까?" 하니,

수좌가 세 차례 이빨을 딱

딱 마주치자 문공이 방장으로 달려가 대전에게 묻되,

"밤낮으로 백팔이란 뜻이 무엇입니까?"

대전도 세 차례 이를 마주치거늘 문공이,

"불법은 원래 별 게 아니구나." 하였다.

이에 대전이 말하되,

"사랑(侍郞)은 어떤 도리를 보았는고?" 하니,

문공이 말하되,

"아까 대문에서 수좌에게 물었더니 그도 그와 같이 답합디다." 하였다.

대전이 수좌를 불러 묻되,

"아까 이러이러하게 사랑에게 대답했다는데 사실인가?"

수좌가 대답하되,

"사실입니다." 하니 대전이 그를 때려 내쫓았다.

대전이 수좌를 때려서 내쫓았는데 뒷날 대전의 법은 그 수좌가 이었다 한다. 신심명(信心銘)의 중봉주(中峰註)에도 대전이 수좌를 때린 것은 눈을 모아서 금을 묻은 거라 했으니 그런 매는 참으로 맞기 힘든 매가 아니겠는가!

밤을 지새우며 정진한 청매(靑梅) 조사

 차를 다루며 틈틈이 선정(禪定)을 부지런히 닦는 복된 삶. 이렇게 하자면 분명히 어떤 노선이 있어야겠다.
 한 세상 인생살이를 금광(金鑛)으로 여겨보자. 금을 캐러 수많은 사람들이 광산으로 간다. 곡괭이, 삽 등을 가지고 출발하는데 광산으로 가는 도중에는 온갖 장애물들이 수없이 많다.
 광산 근처에도 못 가서 술 먹고 노닥거리며 해를 보내는 사람, 또는 딴 곳에 정신 팔려 자기가 무얼 하러 가는지 조차도 잊고 아예 삽, 곡괭이도 어디에다 던져버리고는 그런 몰골로 헤매는 이도 있다. 설사 일찌감치 금광에 도착한들 어디 금을 캐는 노릇이 수월한가. 목표설정을 하고 금광으로 출발했건만 참으로 가지가지이다.
 자, 해는 벌써 중천에 떴고 나는 지금 어디에 있는가? 금광 근처에라도 왔는가? 아니면 삽도 곡괭이도 다 잃어버리고 농세상(弄世上)으로 하루하루 해만 보내는 것이 아닌가? 금을 캐러 떠났으면 노다지 금맥은 발견하지 못하였더라도 하다못해 금싸라기라도 하나 주워야 되지 않겠는가? 그도 아니면 자기의 의지로 지향한 금을 캐는 일에 몰두해야 하는 것이 자기 자신의 성취가 아니겠는가?

채워도 채워도 채워지지 않는 것이 욕망이라는 이름의 밑 빠진 독이다. 그래도 인간의 업(業)은 수수만년으로 열심히 그 밑 빠진 독을 채워왔기에 그 작업이 힘든 줄 모르고 헐떡거리며 부지런히들 채우는데, 이따금 좌선을 처음하는 이들을 연수회나 어떤 기회에 한 시간씩 시켜보면 그런 최악의 고통은 일찍이 맛보지 못한 힘든 일로 여기는 것이다.

왜냐하면 세세생생(世世生生)으로 친숙하게 익힌 업하고는 너무나 낯설기 때문이다.

이 고귀한 자기를 추구하는 영원에의 길, 그 금광으로 가는 길은 친숙하기 어려운 험난한 길이다.

바쁘고 복잡하고 분주한 현실, 매일매일 일상 생활에 쫓기는 것도 힘이 드는데 참선은 무슨 참선인가? 하지만 그럴수록 참선은 해야 된다.

인간의 참된 가치관이 전도된 지 오래된 현실, 한 인간이 정신적으로 독립해서 자기를 순수한 자기의 모습대로 거느려 가기엔 주변 상황들의 공해 요소가 너무나 심각하게 만연되어 있다.

지금 현실은 원주민이 그립고 야만이 싱싱한 신성(神聖)일 수밖에 없는 세기말적인 혼돈이 아니겠는가!

자기를 정신적인 하나의 개체로 독립시키며 주변의 혼탁을 세탁하는 과정은 역시 산만함보다는 침착한 곳으로의 집중이 좋겠다.

바쁘고 분주해서 참선을 어디 생각이나 할 수 있겠는가 하는 말은 이치에 맞지 않으니, 조선 선조 때 청매(青梅) 조사는 고요한 데서 일부러 공부를 짓지 않고 매양 시끄러운 장 마당으로 갔다.

사람들이 와글거리는 장 마당 한편 구석에 앉아서 공부를 챙기는데 공부가 순일하게 잘 되면 "오늘은 장을 참 잘 보았다." 하며 자기의 공부를 점검하였다 한다.

참선은 앉으나 서나 가나 오나 시간 장소를 가리지 않고 하는 것이다.

전설 같은 이야기지만 청매는 밤으로도 시간을 아끼며 정진하는데 그 길고도 깊은 지리산 연곡사 계곡을 오락가락하며 밤을 지새웠다고 한다. 그냥 걷는 것이 아니라 졸음이 온다고 묵직한 바위를 짊어지고서. 하루는 짊어진

바위가 평상시보다 가벼워지면서 그만 졸면서 걸었다. 걷다보니 이상해서 돌아보니 호랑이란 놈이 뒤에서 바쳐주는 것이 아닌가. 그래서 그만 호통을 쳐서 쫓아버렸다 한다. 미물축생이지만 산중의 영웅이라 수행하는 스님을 알아 본 것이다. 호랑이 담배 먹던 시절 같은 이야기이지만 아직도 연곡사에 그 바위가 전해진다 한다.

청매가 입적할 때 똥을 싸서 온통 벽에다 바르고 기둥에도 바르니 구린내가 나서 밑에 사람들이 하나둘씩 전부 달아나버렸다. 마지막으로 하나 남은 부목마저 가버리려 하자, "너는 도인의 최후 열반(涅槃)하는 모습을 지켜보거라." 하며 곁에 있게 했다.

청매가 열반에 드니 똥칠했던 집안이 온통 향취로 진동하는 것이다. 이것이 정진력의 불가사의한 공덕이 아니겠는가!

경봉 노스님의 음성은 지금도 여운으로 남는데

 영축산 산정에서부터 발갛게 물들어 내려오던 단풍은 벌써 산 중턱까지 내려왔다. 하늘은 파랗고 감은 빨갛고……. 시자 때 선가의 일상이 눈에 선하고 경봉 노스님의 자상하시던 음성은 지금도 귀에 나직하게 들리는 듯 가슴 깊은 곳에 여운으로 남는다.
 다비(茶毘)란, 절에서 사람이 죽으면 치르는 장례행사를 말한다. 그 다비 행사를 관장하시던 노사의 가풍은 한껏 장엄스럽기만 하였다.
 제사에 올리는 떡을 떡판에 놓고 떡메로 치는데 보통 몇 말씩 하니까 떡 치는 소리와 팔을 걷어부치고 무거운 떡메를 휘두르며 힘자랑하는 모습이란 여간 풍물스러운 게 아니다.
 목탁 소리, 요령 소리, 향 연기, 또 대숲 위에 나르는 무수한 갈가마귀떼. 다북쑥 내음과 같은 향화(香火)의 정심

(精深)이 취하도록 어리는 선실(禪室), 시자가 염다(拈茶)하여 법상(法床)의 조실 스님께 올리면 다비 의식 가운데 제일 중요한 법문이 시작된다.

잠시 입정(入定=禪定)하고 설법이 시작되는 이 시간에 노사의 독특한 가풍이 있다.

"지금은 아무개의 영가(靈駕)를 천도하는 설법 시간인데 잠시 입정을 한다. 이 입정 시간에는 무엇을 관하느냐 하면 평소에 우리처럼 보고 듣고 말하던 영가의 그 일점영명(一點靈明)이 지금 어디에 있는가 그것을 관하여 준다. 이것은 영가를 위하여 참으로 무엇보다 소중한 일이다."

입정을 하였다가 이삼 분 뒤 죽비를 세 번치고 방선(放禪)을 하면 노사께서 향을 하나 사루어 들고 송(頌) 왈(曰),

此一炷淸香은 三世諸佛의 法印이며 歷代祖師의 眼目이며 今日靈駕의 本來面目이며 一切中生의 命根이라 特爲蔣嚴爐路하야 揷香爐中하노라.

이 한 가치 맑은 향은 삼세 모든 부처님의 법인이며 역대 조사의 안목이며 오늘 영가의 본래면목이며 일체중생의 명근이라. 특별히 금일 영가의 깨달아 가는 길을 장엄하기 위하여 향로 중에 꽂노라.

　노사의 법문은 십이인연법(十二因緣法)과 무상계(無常戒)로 이어지면서 설법은 끝을 맺는데 끝의 게송이 또한 차와 무관하지 않다.

　　滿天風雨散虛空
　　月在千江水面中
　　山岳高低挿空連
　　茶煎香蒸古途通

　　하늘 가득한 비바람 허공에 흩어지니
　　달은 일천강 물 위에 떴네
　　산악이 높고 낮아 허공을 연해 꽂혔는데
　　차 달이고 향 사루는 곳에 옛길을 통했네.

　'옛길'이란 옛날에는 사람도 왕래하고 하던 길이란 말인가? 아니다. 일점영명이 갈 수 있는 길을 법력 있는 스님네가 터주기만 하면 그 영혼은 모든 업과 익힌 습관, 모든 상대적인 유위(有爲)를 훨훨 벗어버리고 사의(思義)할 수 없는 대자유를 얻는 것이다.
　차를 달여서 영혼의 길을 통해 줄 수 있는……. 뜻이 통하고 말귀를 알아듣는 눈 밝은 납승(衲僧)이 찾아오면 선사(禪師)는 "시자야 염다래(拈茶來)하라!" 하시니 동도동격인(同道同格人)에게 최상의 찬사와 대접은 일완청다(一椀清茶)인가 보다.

　선사 경봉 노사께서 입적(入寂)하실 당시의 일을 물어오는 이들이 간혹 있다.
　"'스님께서 가시고 나면 뵙고 싶습니다. 어떤 것이 스님의 참모습입니까?' 하고 물으니, 스님께서 웃으시며 '야반삼경에 대문 빗장을 만져보거라.' 하고 입적하셨다고 하는데 그 야반삼경에 대문 빗장을 만져보라는 말씀이 무슨 뜻입니까?"

　큰 스님께서 마지막 남기신 말씀을 설명하란다. 선구(禪句)는 설명하면 사구(死句)가 되고, 김이 새고, 또한 생각도 일어나기 전에 벌써 허물이 설악산만큼이나 커지는 이 집안의 사정을 어떻게 표현해야 납득이 갈런지.
　조주 화상 시절 같으면 "차 한 잔 마셔보면 안다." 했을 터이고 운문 스님 같으면 "떡이나 먹게." 하련만 하기야 차나 떡을 주기나 하면서 그러셨는지 모르겠다.
　궁색하지만 나의 답변은 이러하다.

　조주는 "차 마시게", 운문은 "떡이나 먹게", 앙산은 "밥을 먹게"하였는데 것이 무슨 비밀일까?

우리가 일
상생활하는
데 자고 일어
나서 대소변
보고 세수하
고 밥 먹고
직장 나가서
반가운 사람
을 만나면 점심도 함께 하고 커피도 마시고 주말이면 등
산이나 여행도 하는데 이것은 또 무슨 비밀인가?

차 마시고 밥 먹고 하는 등 우리의 조그마한 행동 하나하
나가 온통 화려한 진리의 각체(覺體) 가운데서 움직이는
것이다. 그래서 하루 종일 원각(圓覺)이나 그 원각을 맛보
지 못하는 것이 중생이라고 고인(古人)이 말씀하셨다.

남전(南泉)이 고양이를 베이고 뒷날 조주(趙州)에게
"그때 자네가 있었으면 어떻게 했겠는가?" 하니 조주가
짚신을 머리에 이고 나가자 "자네가 있었으면 고양이를
살릴 수 있었을 것을……." 하였다.

산에 가서 나무만 보고 숲을 못 본다는 말이 있다. 선문
답은 사량(思量)이나 식정(識情)으로 어찌해 볼 수 없는
노릇이다.

고금古琴 노인의 푸근한 다풍茶風

　고금 박지중(朴志仲)이란 분이 있었다. 지금은 고인이 지만……. 풍채가 훤칠한 노인이 거문고를 안고 은발을 휘날리면서 가끔 놀러 올 때면 그대로 신선이 따로 없을 그런 분위기였다.
　이분한테 가등돌당(加藤咄堂)이 강의한 『벽암록(碧岩錄)』을 선물받기도 했다.
　지금 가끔 추억으로 떠오르는 것은 고금 노인의 다풍이다. 등산을 하거나 절에 올 때는 차 도구를 늘 지니고 다니면서 다회를 열곤 하였다.
　한번은 섣달 그믐날 경봉 노사 곁에 자고 나서 정월 초하룻날 새벽에 큰 스님께 차공양을 올리는 것이다.
　내가 시자 때이니까 곁에서 소상하게 관찰해 볼 수가 있었다.
　일본유학 시절에 몸에 익힌 다풍이라서 옥로(玉露)를

가지고 하는 행차(行茶)였다.

  물을 끓이고 투차(投茶)를 하는데 잔은 백자이며 도토리 깍지만한 잔에도 끓인 물을 미지근하게 식혀서 차를 넣고 그리고는 차가 식는 것을 막기 위해서 더운 물로 잔을 데운 뒤에 차를 따르는데 그 짙은 향기는 진감로(眞甘露)였다.

  파아란 색의 옥로를 흰 잔에 따르는데 차향은 거의 응고가 되는 듯한 그 순간이 자꾸 생각나곤 한다.

  경봉 노사께 고금 노인이 글을 지었는데 또 그것을 노사께서 붓으로 써주신 것을 고금 노인은 표구를 해서 거실에 걸어 두었던 것이 생각난다.

    惟我平生知一琴
    圓光指示是心琴
    觀音三昧幾星霜
    聽水看山通古今

    내 평생에 오직 하나의 거문고밖엔 몰랐는데
    원광 화상 지시로 심금을 뜯게 됐네
    관음의 원통삼매에 들기 몇몇 해던가
    물소리 듣고 산빛 바라보니 고금을 통했네.

  또 경봉 노사께서 고금 노인에게 주신 일편(一片) 법어(法語)가 있다.

水和明月古琴之道心
宇宙春色古琴之活氣
梅香竹節古琴之義節
知分知是古琴之達志
花笑鳥歌古琴之風流
雖然銅睛鐵眼看
心如境如無實無虛
有亦不管無亦不拘
不是賢聖了事凡夫 珍重
金井鎖夜月
照破萬家門

물에 밝은 달 어림은 고금의 도심이요
우주의 화창한 봄볕은 고금의 활기요
매화의 향기 대의 절개는 고금의 의절이요
분수와 만족을 아는 것은 고금의 달지요
꽃은 웃고 새가 노래함은 고금의 풍류로다
비록 그러나 구리 눈동자 쇠눈으로 모아라
마음도 이러하고 경계도 이러하니 허도 실도 없고
유에도 관계 없고 무에도 구애 없네
이는 성현이 아니요 일 마친 범부로다. 진중
근정산에 걸린 달이
집집마다 비추네 미소.

고금 노인 말이 생각나는 것은 왜 그런지 푸근하고 여유 있는 노인들이 한 분 두 분…… 아니 그러다가 한 분도 세상에 남지 않을 것 같은 걱정이 생긴다.

왜소해져만 가는 주변들……. 존경하고 싶고 기대고 싶고 그런 구수한 할아버지가 있었으면 하는 것은 단순한 응석일까. 세상이 어떻게 변해 가더라도 응석부릴만한 어르신이 있는 그런 분위기가 사람이 살아갈 수 있는 환경일 것이다.

경봉 노사의 유물관이 준공이 되가고 남기신 유훈을 정리해야 하는 계제에 어르신들이 남기신 모든 전통이 잘 전승되고 전해져야 그래도 사람 사는 훈기가 도는 것이 아닌가 하는 감회에 젖어든다.

한 잔 차맛에는 우주만상의 진리가 있느니

불은 뜨거운 것이 본성이고, 물은 젖는 것이 본성이며, 사람은 느껴서 아는 것이 본성이다.

이러한 보편적인 공리(公理)는 어떤 단체에서도 그 동질성을 나타낸다.

지난 음력 시월 보름날은 선가의 결제날이다. 즉 삼동 겨울 백일 동안 두문불출하고 시간을 짜놓고 좌선을 시작하는 날이다.

요즈음은 선가에도 평균 연령이 삼십 내외로 젊어진 편이며 그래서인지 일상생활이 무척 활발하고 생동감 넘치는 편이다.

보통 하루에 열 시간 내외로 시간을 정해 놓고 정진하는데 쉬운 노릇이 아니다. 그런데 한 철에 몇 번씩 전 대중이 등산이나 기타 단체로 무슨 운동을 하는데 이것을 누구 한 사람의 의견으로 하는 것이 아니라 공의(公議)에

의해 결정 짓는다. 이런 공사는 대체적으로 만장일치로 가결이 되며 아무도 못 말리는 것 같다. 이것도 젊음의 가장 신성한 특권이며 젊음의 모임에 있어 어떤 푸르름과 동질성인 것 같다.

놀고 먹고 뛰노는 것만 즐기는 것이 아니다. 할 때는 무섭게 한다. 선가에서는 섣달 초하룻날서부터 석존(釋尊)께서 견명성오도(見明星悟道)하신 성도절(成道節)인 납월파일까지 일주일 간 용맹정진하는 것은 하나의 불문율로 되어 있는 것이다. 용맹정진이란 조금도 눕지 않고 계속 정진하며 만약에 앉아서 졸면 돌아가면서 커다란 죽비로 잠 깨라고 어깨를 때려주며 경책하는 일련의 전투와도 흡사한 수행이다.

옛날, 조사 스님의 경책 말씀도 용맹스런 도전을 격려

해 주셨다.
다음은 황벽 스님의 선게(禪偈)이다.

> 塵勞逈脫事非常
> 緊把繩頭做一場
> 不是一蒜寒徹骨
> 爭得梅花撲鼻香

> 번뇌에서 벗어나는 것 예삿일이 아니니
> 집념을 한 데 묶어 한바탕 해봐라
> 찬 것이 한번 뼈골에 사무치지 않으면
> 어찌 코를 치는 매화 향기를 알겠는가.

엄동설한의 모진 찬 바람을 극복해 내고 눈 속에서도 향기를 토하는 매화처럼 정신 집중하는 선객들도 한 고비를 넘겨야 된다는 말이다.

그런데 십여 명이서 일주일은 적으니까 아주 해제일까지 사십오 일 간을 하자해서 밤으로 잣죽을 쑤어 먹으면서 용맹정진을 결행했는데, 마치는 날 체중을 달아보니 체중이 줄은 사람은 한 사람도 없었다.

극한 상황에서도 정신력이 어떠한가 보여주는 일면인 것이다.

동질성, 공통된 공리, 인간이 태어나서 늙고 병들어 죽는 지극히 보편적인 진리. 남들도 다 그러니 나도 그러려니 하기엔 너무나 잔인한 무엇이 깔려 있다. 다시 말해서 한 세상 살아가면서 자연의 순환섭리를 아무 준비 없이 맞는다는 것은 누구에게나 권하고 싶지 않은 이 중생계(衆生界)의 비극이 아닐까?

그래서 싯다르타 태자는 보리수 아래의 좌선대와 왕위를 바꾸었으며, 혜가는 소림굴에서 팔을 끊었으며, 천하총림의 납자들은 밤잠을 아까워하는 것이다.

선실에서 차의 고마움을 음미하며 그렇게도 차를 즐기셨던 경봉 노사의 다시(茶時)를 음미해 본다.

    碧水寒松 月高風淸 香聲深處 相分山茶
    遇茶喫茶 遇飯喫飯 人生日常三昧之消息
    會得磨茶

    푸른 물 찬 솔 달은 높고 바람은 맑아
    향기 소리 깊은 곳에 차 한잔 들게
    차 마실 때 차 먹고 밥 시간에 밥 먹는게
    인생의 일상삼매의 소식이니 이 소식을 알겠는가? 차.

    茶 茶 這個茶一昧 宇宙萬像之眞理在
    此 難何示難可說 阿剌剌呵呵笑
    頌曰
    萬山楓葉景 勝如二月花

    차, 차, 이 한 잔 차맛에는
    우주만상의 진리가 있으니

이 맛은 어떻다고 보이기도 어려우며
말하기도 어렵구나
아하하하
송 왈
온 산의 단풍경치가
이월의 꽃보다 곱구나, 미소.

마음 가짐에 대한 좋은 선게가 있다.

面上無瞋供養具
口裡無瞋吐妙香
心內無瞋是珍寶
無垢無染卽眞常

성 안 내는 환한 모습 더 없는 진수성찬
따뜻하고 다정한 말 오묘한 향기라오
원만한 마음가짐 무한한 보배이며
해맑아 때 안 낌이 영원한 참됨일세.

우리가 일상 생활에서 밝은 모습으로 고운 말 바른 말로 주변 사람을 대하며 또한 마음 속으로도 원만한 생각을 지닌다면 거기가 바로 극락인 것이다.

선의 경지는 마치 소옥을 부르는 소리와 같아

 며칠 전에 대만에 자주 내왕하는 스님에게 그곳 명산(名産)인 아주 좋은 차를 두 통 선사받았다.
 함께 음미하여 보았더니 향기도 좋고 참으로 좋은 차였다. 그런데 요기에도 있는 말이지만 자기가 살고 있는 부근의 음식물이 모든 면에서 좋다고 한다.
 습관 탓도 있겠지만 대만차는 왠지 모를 쿰쿰한 냄새가 나 우리 화개동천(花開洞天)의 세작과는 비교도 하기 싫다.
 우리의 토양에서 생산되는 김치, 깍두기, 또 그것의 담박한 향기, 차 향기, 소박한 인정미……. 우리 것은 우리 것뿐만 아니라 조상으로부터 전해 받은 소중한 대물림인 것이다.
 삼소굴 노사의 선문답 하나 들어보자.

冠省 今船 再承 書翰 歡喜沒量 種種病患云云 聞憫不已 此處 遇茶
喫茶 遇飯喫飯 是外何喩 今問 日面佛 話題之答 如左
答 村家三伏樵夫宴
狗肉市中價格高哂
右三伏者 初伏 中伏 末伏也
是日
靈鷲山 三笑窟 老衲 和南

이번에 또다시 편지를 받아보니 반갑네. 종종 병고에 시달린다니 민망함을 금하기 어렵네.

이곳은 차마실 때 차 마시고 때가 되면 밥 먹으니 이 밖에 할 말이 없네. 이번에 물어온 일면불월면불 화제의 답은 다음과 같네.

촌가의 삼복 초부들의 잔치 때문에
시중의 개고기 값이 올랐네
삼복이란 초복 중복 말복

이날
영축산 삼소굴 노납 화남.

산에 가서 나무만 보고 숲은 못 본다는 말이 있다. 선문답은 사량(思量)이나 식정(識情)으로는 어찌 해볼 수가 없는 노릇이다.

남전이 고양이를 베이고 뒷날 조주에게 "그때 자네가 있었으면 어떻게 했겠는가?" 하니 조주 짚신을 머리에 이고 나가자 "자네가 있었으면 고양이를 살릴 수 있었을 것을" 하였다.

필자는 처음 입산을 선방으로 하였는데 무슨 선근(善根)으론지 큰 스님의 시자가 되어 어르신을 곁에서 뫼실 수 있었다.

요즈음도 결제 때 큰방에서 함께 정진하고 있노라면 모든 법은(法恩)에 그저 감사할 따름이다.

앉아서 늘 졸고 졸면

서도 산란스런 망상과 혼침(昏沈)에 시달린다마는 얼마나 무량대복인가 더욱이 선문(禪門)의 전적들은 전인미답의 울울창창한 원시림이다.

염송『벽암록』은 당장에 종속관계로 맺어져버릴 만큼 매료시킨 보전(寶典)이다.

『벽암록』의 저자 원오극근(圓悟克勤)의 오도(悟道) 계기를 보면 스승인 오조법연(五祖法演)의 시자로 있을 때 법연의 동향인인 진(陳)씨가 벼슬을 그만 두고 사천성으로 돌아가는 도중 태평산에 들러 법연에게 심요(心要)의 법문을 청했는데 이때 다음 같은 소염시(小艶詩)를 들어 설명했다.

> 一段風光畵不成
> 洞房深處演愁情
> 頻呼小玉元無事
> 只票檀郎認得聲

> 한 폭의 풍광 말도 못하겠네
> 동방 깊은 곳에서 애살 떨고 있는 모습이라니
> 자주 소옥을 부르지만 소옥에겐 일이 없네
> 다만 정인에게 알리는 소리일 뿐.

이 시는 안록산(安祿山)과 양귀비(楊貴妃)의 고사에서 온 것으로 양귀비가 몸종 소옥이를 부르는 것은 정부인 안록산을 부르는 암호였다는 내용이다. 즉 선의 심요(心要)

도 말로 이것 저것 설명해봤자 흡사 소옥을 부르는 소리와 같아서 실이 아니고 참 심요는 언어의 밖에 있다는 것을 말한 것이다.

그러나 이 뜻을 진씨는 깨닫지 못하고 옆에서 듣고 있던 시자 극근이 이를 깨닫고 진씨가 돌아간 뒤 극근은 법연에게 물었다.

"스님이 소염시를 이야기 하였을 때 그 사람은 과연 그 진의를 깨달았을까요?"

"그 사람은 다만 소리만 들은 것 같애."

"그가 낭군의 소리를 들었으니 그것으로 좋지 않습니까? 그런데 왜 안 된다는 말입니까?"

법연이 갑자기 목소리를 한층 높여서,

"어떤 것이 조사(祖師)가 서쪽에서 온 뜻인가? 뜰 앞의 잣나무니라." 하고 자문자답식으로 말하는 것이었다.

극근은 이 소리를 듣고 형용할 수 없는 통쾌감과 환희 때문에 순간적으로 방에서 밖으로 나오는데 그때 마침 난간에 날아온 한 마리의 수탉이 날개를 치고 길게 우는 것이 아닌가. 극근은 그 소리를 듣고,

"아! 이것이다. 바로 이 소리다." 하고 외쳤던 것이다. 극근은 드디어 대오(大悟)를 한 것이다.

다음은 오도송(悟道頌)이다.

金鴨香銷錦繡緯

笙歌叢裏醉扶歸
少年一段風流事
只許佳人獨自知

금오리 향로에 향연 얽히고 비단장막 펄렁이네
잔치집 풍악 속에 취한 신랑 돌아가네
신랑의 잠자리 속 일이사
신부 외에 누가 알건가.

오도송 치고는 좀 기이한 글이다. 그러나 의상(義湘) 조사의 법성게(法性偈) 가운데 '증지소지비여경(證智所知非餘境)', 즉 '증득한 사람이나 알 일이지 그 외의 사람에겐 모를 경지'란 말을 음미해 보면 긍정이 가게 된다. 깨달은 이만이 당신의 경지를 알 수 있다는 말이다. 경봉 노사께서 참으로 명문장이며 멋진 오도송이라고 찬탄을 아끼지 않으시는 것을 들었다.

하늘과 땅, 누구의 물건인가

지난 양력 2월 6일은 동양권의 최대 명절인 정월 초하루 설날이다.

이날은 가족이 모여서 조상의 차례를 모시고 성묘도 하고 윷놀고 널도 뛰고 하며 하여튼 흥겨운 명절이다.

내가 아는 상식으로는 '차례'라 하기도 하고 '다례'라 하기도 하는데 반상(班常)으로 봐서 '다례 지낸다'고 하는 집안은 조금 지체가 낮은 집안이라 한다.

어릴 때 이 설날 풍경이 마치 한 폭의 그림인 양, 전설인 양 떠올려지기도 한다. 예전에는 반드시 이날 차례에는 아주 좋은 차를 올리고 제사를 지냈으며 술도 올렸다.

전통적인 유생 집안이라서 엄숙한 차례 행사가 너무나 인상에 남는다. 메를 올리고 숭늉을 올리고 절하고 축문을 읽고 또 돌아서서 잠시 읍하고…….

집안 어르신이 축문을 또박또박 끊어서 긴 소리로 읽는

데 "유세차 감소고우 — 중략 — 복유상향." 집안에는 누 님들이 많았는데 사촌, 육촌해서 열 명도 넘었다. 이 축문을 누님들끼리 모여 놀면서 긴 소리로 어른처럼 흉내내며 변조해서 읽는 소리가 가관이었다. "유세차 밤 사과 곶감 대추 소쿠리로 하나 많이 잡소."

통도사는 한국 불교의 요람인 동시에 전통과 더불어 구전되는 전설도 많고 또 보궁에는 교조 석가여래의 진신사리(眞身舍利)를 봉안한 제일의 성지이며 영축산 안에 산내 암자하며 산 전체 그대로가 불교의 살아 숨쉬는 상징이다.

통도사 서편으로 백련암(白蓮庵)이 있는데 성곡(性谷)이라는 큰 스님이 계셨다.

섣달 그믐을 선가(禪家)에서는 무척 의미 있는 날로 여긴다.

큰 스님네의 법문에도 "너희들이 납월 삼십일이 닥치면 어떠한 안목으로 생사를 대적하겠는가?" 이런 법문이 자주 나온다. 즉 이 섣달 그믐날은 한 해의 마지막날이자 또 한 생애를 마감하는 날로도 여긴 것이다.

성곡 노장님의 말씀에 우직스런 상좌가 가만히 생각해 보니 내일이 정월 초하루 설날인데 음식도 장만해야겠고 온 대중이 목욕재계하고 부산한데 설도 못 쇠고 장사를 치르게 되겠다. 그래서,

"스님, 대중들이 모두 음식장만하고 목욕재계하여 내일

설을 쇠려고 하는데 오늘 열반에 드시면 대중들이 그 노장이 방정맞게 하필 설날 죽어서 남 설도 못 쇠게 하고 초하루부터 장사 지내게 한다고 욕을 할 겁니다. 스님께서 평소에 입바른 말만 하시고 덕도 없으시고 한데 이왕이면 내일 초하루 설 쇠시고 초사흘 불공(佛供)을 보시고 초이레 칠성불공을 드리고 가십시오." 하고 말씀드렸다.

그 노장님이 잠잠히 생각하더니,
"네 말도 그럴 듯하구나. 그럼 그렇게 하지." 하더니 초하루, 초사흘, 초이레 불공 보고 열반에 드셨다.

이것은 세상 사람들이 못하는 어려운 일이다. 수행하는 사람의 참으로 멋들어진 일상의 마감은 그렇게 장엄한 것이다.

예수는 사흘 만에 부활하였다 한다. 달마(達磨)도 독약을 여섯 번이나 받았다. 광통(光統) 율사와 유지삼장(流支三藏)이 모함하여 독약을 받았는데 마시면 내장이 녹는 무서운 약이었다. 이런 약을 다섯 번이나 마시고 여섯번째는 "인연이 다하였으니 할 수 없다."라고 하며 마시고 나서 "이 약이 얼마나 독한가 보아라." 하며 돌에다 남은 약을 부으니 쩍 갈라졌다고 한다.

달마 스님이 단정히 앉아 열반에 드시니 화장도 하지 않고 웅이산(熊耳山) 정림사(定林寺)에 탑을 세우고 탑 속에 장사를 지냈다. 그뒤 삼 년이 지났는데 송운(宋雲)이 사신으로 서역에 갔다가 돌아오는 길에 총령(蔥嶺)이라는 재에서 달마 스님이 지팡이에 신을 한 짝 꿰메고 가는 것과 마주쳤다. 송운이 묻기를,

"스님께서 어디로 가시는 길입니까?"

"서천으로 간다."

송운이 조정에 돌아와서 총령에서 신 한 짝 메고 달마 스님이 서천으로 가시더라고 전하니,

"그 스님이 벌써 열반에 드신 지 삼 년이 지났는데 그럴 리가 있겠느냐?" 하면서 탑 속의 관을 열어보라고 임금이 영을 내려서 열어보니 과연 텅 빈 관 속에는 신 한 짝만 남아 있는 것이었다. 총령으로 신 한 짝 메고 가는 것은 마음과 마음으로 서로 전하는 소식인 것이다.

독한 약을 마시고 죽었다가 삼 년 간이나 관 속에 있다가 총령을 넘어갔다. 이것은 불가사의한 일이라서 보통 견해로서는 도저히 생각할 수 없는 그런 도리인 것이다.

이 자리 불생불멸(不生不滅)하는 생멸이 뚝 떨어진 생

사에 자재하고 생사에 해탈하는 이 자리 하나 밝히려고 천신만고를 서슴지 않고 겪으며 이것을 밝히려 하는 것이다.

좌선을 하는데 오래 단련하면 하루 종일 앉아 있어도 힘들거나 다리가 아프지 않다. 또한 몸이 고단하거나 어디가 아플 때라도 앉아서 꾸벅꾸벅 실컷 졸고 나면 피로가 싹가시고 아픈 것도 개운해진다. 구참수좌(久參首座), 즉 참선을 오래한 스님이란 앉아서 조는데 선수이고 무슨 일이 닥치더라도 시작과 낌새조차 보이기도 전에 쉴 줄부터 알며 산적대장이라도 그 품에 기대고 싶을 정도로 푸근함이 있다. 구름과 산과 산새들과 같이한 연륜이기에.

대장간에 대장장이도 벌겋게 단 쇠를 땅에 놓고 식지도 않았는데 손으로 집곤한다. 처음에는 무척 뜨거웠겠지만 하도 오래하다 보니 손에 굳은 살이 박혀서 뜨거운 쇠를 마구 집어도 괜찮다. 힘들고 잘 안 되는 일일수록 집중적으로 반복해서 단련하는 데 진지한 묘미가 있는 것이다.

누군가 한 말이 생각난다. 지옥도 길들이기에 달렸다던가?

아까 말하던 백련암 설화가 남았다. 그 암자 누각에 근세에 선지식(禪知識)이신 환성(喚惺), 경허(鏡虛) 두 분의 판상운(板上韻)이 걸려 있는데 글이 좋아 소개한다.

洞口連平野
樓臺隱小坮

居僧懶不掃
花落滿庭心

동구는 평야로 이어졌고
누각은 산봉우리 아래 보일 듯 말 듯
중이 게을러 쓸지 않으니
떨어진 꽃이 뜨락을 메우네.

雲衣草簞臥前楹
浮世虛名一髮輕
山杏滿庭人不到
隔林啼鳥送春聲
己亥暮春 喚惺 題

누더기 걸치고 삿자리 깔아 앞기둥에 기대니

뜬 세상 헛된 이름이사 터럭처럼 가벼우이
산살구 꽃 향기 뜰에 짙고 인적은 고요한데
건너 숲에서 우짖는 새 소리에 봄을 보내네
기해년 늦은 봄 환성, 제.

宕情收未了
長袖拂千山
深院聽鵑語
江山萬古心

탕탕무애(蕩蕩無碍)히 노닐어
천산을 주름잡네
들려오는 저 두견새 소리
강산 만고심인저.

擲金遺什揭虛楹
道價千秋海岳輕
悠悠曠感無人識
寒磬空笛劫外聲
庚子 七月 下澣 湖西 歸門孫 ○宇 鏡虛 謹稿

그까짓 금과 유물 아무 데나 걸어두렴.
도의 가치 천추에 빛나 산과 바다도 가볍네
유구하고 너른 회포 누가 알겠나
차가운 경쇠 소리 텅 빈 젓대가락 겁 외까지 사무쳐라!
경작년 7월 이른 가을 호서로 돌아가는 문손 원우 경허 근고.

乾坤難是物
月笑最高岑
幽谷多春雨
頭頭古佛心

하늘과 땅 누구의 물건인가
달은 높은 봉우리에 웃고 있네
그윽한 골짜기 봄비 잦아
온갖 것 그대로 옛 부처마음이네.

不二門前示一楹
能撑天地又餘輕
何爲感慨千秋事
花發舊枝鳥自聲

庚年 孟春 上澣 ○光 鏡峰 難稿

불이문 앞 기둥이 하나 있어
천지를 버티고도 오히려 가볍네
어떤 일이 천추에 감개스러움인가
작년 가지에 꽃이 피니 새가 우는 것일세.

경오년 초봄 상순 원광 경봉 근고.

발밑을 보시오

 우리 나라 차의 역사는 천여 년 전 신라시대부터 시작된다(善德女王, 632-647).
 통도사 북쪽 동을산(冬乙山)에 차를 재배하는 절에 다소촌(茶所村)이 있었다는 기록이 『삼국사기』와 『통도사사적약록(事蹟略錄)』에 간단하게 기재되어 있다.
 부처님의 진신사리를 모신 적멸보궁(寂滅寶宮)의 사리탑 주위에는 키를 넘는 차나무가 둘리어 있다.
 절을 안고 있는 뒷동산에는 해묵은 차나무가 바위틈과 나무들 사이에 파랗게 서식하고 있어 시간과 공간의 만남인 역사적인 공감대를 형성해 주는 듯 말없는 감회를 안겨준다.
 차나무가 있는 숲은 산보하자면 한참 걸리는 거리인데 아주 상태가 좋게 야생하고 있어서 얼마 오래지 않은 우리 선조 때의 융성했던 차 생활이 눈에 선한 것만 같이 느

껴진다. 그런데 이 보궁 주변의 차맛은 어떤 차보다도 너무 맑다.

승지(勝地)의 기(氣)를 받아서인지 어디의 차와도 비교할 수 없는 독특한 맑음이 있다.

올해에도 우전(雨前)의 명다(名茶)를 준비해서 음미할 생각이다. 보궁의 보배로운 진향차를.

삼소굴 노사께서 들려주신 보궁 주변의 이야기가 몇 가지 생각난다.

환성(喚醒)은 통도사에 한때 사자후로 토하고 있는데 누가 보자니까 새털벙거지를 쓴 구 척이나 되는 신장(神將)이 법당 안을 들여다보며,

"영산회상(靈山會上)의 부처님 법상(法床)에 붙어 있던 자벌레가 엔간히도 컸군."

하더란다.

누가 부정(不淨)이 중노전(中老殿)에 계셨는데 부처님께 마지를 올리고는 그 불기(佛器)의 밥을 다른 그릇에 덜지도 않고 불기를 밥그릇으로 사용하여 밥을 먹곤 하였다.

이 노장님의 특징은 누가 와서 찾든지 안으로 문을 걸어 잠그고는 열어주는 일이 없었으며 무슨 용건으로든 말을 걸어도 "지금 몹시 바쁘다."로 대꾸하고는 한결같이 만나주는 일이 없이 평생을 그렇게 지냈다.

그 노장님이 죽어서 화장막에서 화장을 하다가 생긴 일이다. 막 장작더미에 불을 지펴 불이 활활 타는데 짖궂은 학인(學人) 하나가,

"저 노장 평생을 바쁘다 바쁘다 하더니 지금도 바쁜가?" 하고 큰 소리로 말하니 불 타는 속에서 그 노장님이,

"바쁜 소식을 이럴 때 보거라." 하고 대갈일성(大喝一聲)하더란다.

생전의 삼소굴 노사 일상 중에는 누가 친견하러오면,

"여기 극락에는 길이 없는데 어떻게 왔는가?" 하면 무슨 말인지 몰라서 어리둥절하다가 돌아갈 때에는,

"대문 밖을 나서면 거기는 돌도 많고 물도 많으니 돌부리에 채여서 넘어지지도 말고 물에 미끄러져 옷도 버리지 말고 잘들 가라고." 하고 껄껄 웃으시니 그냥 따라 웃는다.

조선말 거목(巨木) 경허(鏡虛) 이후 자신의 목소리로 사자후하며 설법도생(設法度生)하시던 노사의 일면이다. 돌뿌리와 물에 걸려 미끄러지고 넘어지는 것쯤 모를 사람이 어디 있겠나. 그러나 누구나 발밑 바로 그곳이 한 인간의 모두인 것이다.

　사람의 정신을 격동시켜 생생하게 산 정신을 불러일으켜주는 말이라고 노사는 말씀하시곤 하셨다.

　돌뿌리와 물이 너무 많은 세상. 넘어지거나 미끄러지는 것도 주의해야겠지만 정말로 발 단속을 잘 해야 하며 발을 잘 끌고 다녀야겠다.

　각하조고(脚下照顧), 불감(佛鑑) 혜근(慧勤), 불안(佛眼) 청원(淸遠)을 오조 밑의 삼 불이라 하는데 어느날 밤 불을 끄고 밤 늦게까지 좌선을 하고 있는 세 제자에게 요즘의 소식을 말해 보라 했다.

　이때 혜근은 "채

봉(彩鳳)이 단제(丹霽)에서 춤을 춥니다."하였고 청원은 "철사(鐵蛇)가 고로(古路)를 엎지릅니다." 하였다. 그리고 극근은 "각하조고, 발밑을 보시오."했다. 법연은 "나의 종(宗)을 멸(滅)하는 것은 극근 뿐이다."라고 극찬을 하였다.

 발밑을 보시오, 발밑을 보시오, 발밑을 보시오. 아! 정말 편안히 잠들만 펴지게 잘 수 있겠는가?

그대 산목련 향기를 듣는가

 당나라 때 한창 선종(禪宗)이 흥하였을 때 선승들의 차 생활 가운데 문답이 전해진다.
 위산(僞山)이 차를 따다가 그의 제자 앙산(仰山)에게 말하기를,
 "종일 차를 따도 그대의 소리만 들리고 그대의 형태는 보이지 않으니 그대의 근본형태를 나타내어 보아라." 하니,
 앙산이 차나무를 한 번 흔들었다.
 이에 위산이 말하되,
 "그대는 작용만 얻었지, 본체는 얻지 못했도다."
앙산이 말하되,
 "화상은 어떠하십니까?"
 위산이 양구〔良久 : 조금 묵묵히 있는 것. 봉(棒), 할(喝) 등과 함께 선문답의 한 가지〕하니 앙산이 말하되,

"화상은 본체만을 얻었지, 작용은 얻지 못했습니다."
위산이 말하되,
"그대에게 30방망이를 때려주리라." 했다.

백운병(白雲昺)이 다두〔茶頭 : 다각(茶角)이라고도 함. 총림의 소임(所任) 중의 하나〕를 하직하고 나서 상당(上堂 : 설법하기 위하여 조실이 법당에 올라감)하여 이 이야기를 듣고는 말하되 "아버지가 인자하니 아들이 효도하나 대개 얼굴만 컸지 사람이 미욱하고 창과 방패가 서로 공격하니 두 사람이 제각기 한 개의 말뚝을 얻었다. 말해 봐라, 본체와 작용을 함께 거두는 한 구절은 어떻게 일러야 되는가?" 하고, 불자(佛子)를 들어올리면서 말하되 "보아라! 손에 야명부〔夜明符 : 야명주라고도 함. 한(漢)의 명제(明帝) 때 구슬로 발을 만들었는데 밤낮을 가리지 않고 광채를 뿜었다 한다. 여기서는 사람마다 가지고 있는 근본 광명을 가리킴)를 잡았으니 몇 사람이나 날이 샌 줄 알리요." 하다.

위의 이야기는 선가의 차 이야기 이다.

지난 번에 정좌처다반향초(靜坐處茶半香初) 운운(云云)한 글이 추사의 글이 아니고 황정견의 글이라 한 것에 대해서 차사백(茶詞伯)인 김대성 거사의 제창으로 황정견에 대해서 더 알아보기로 한다.

태사(太史) 황정견[黃庭堅 : 송대(宋代) 분령(分寧) 사람. 산곡(山谷)은 그의 호. 소식(蘇軾)의 문하생으로 행초서(行草書)에 능하고 특히 시에 뛰어나 소황(蘇黃)으로 불리움]이 회당조심[晦堂祖心 : 남악(南嶽)의 십삼세 법손. 황룡혜남(黃龍慧南)의 법제자] 선사에게 가서 의지하여 심요(心要)를 묻자 선사가 말하기를,

"공자가 말하되 '이삼자(二三子)야, 너희들은 내가 무얼 숨기는 줄 아느냐? 나는 숨기는 것이 없다.'라고 한 말을 태사는 어떤 도리라고 생각하는가?"

공이 머뭇거리다 대답하려 하자 선사 말하되,

"아닐세, 아니야."

공이 민망해서 어쩔 줄 모르더니 하루는 선사를 모시고 산행을 하는데 녹음이 흐드러지게 우거졌다.

선사가,

"목련꽃 향기를 듣는가?" 하니,

공이,
"듣습니다."
선사가,
"나는 숨기는 것이 없노라."
공이 석연(釋然)하여 즉시 절하며,
"화상께서 이렇게까지 노바심절하실 줄 몰랐습니다."
선사가 웃으며,
"공이 집에 이르렀구나."
이 말은 깨달았다고 인가(印可)하는 말이다.

그뒤 회당 선사의 부음(訃音)이 오거늘 공이 향을 사루며 이르기를,

　　海風吹落楞伽山
　　四海禪流着眼看
　　一把柳條收不得
　　和風搭在玉欄干

　　바닷바람 능가산에 불어오니
　　사해의 선객들 착안해 볼지어다
　　한 웅큼 버들가지 거둘 수 없으니
　　바람부는 대로 옥란간에나 걸어두렴.

황정견의 차시(茶詩)

　　　혜산천(惠山泉)
錫谷寒泉隨石俱
倂得新詩萬尾書
急呼烹鼎供茶事
澄江急雨看跳珠
是功與世滌腈腴
今我一空常宴如
安得左蟠箕潁尾
風爐煮茗臥西湖

석곡은 찬 샘과 활석까지 있는데
시도 한 수 짓고 고문(古文)으로 글씨도 쓰다
급히 솥을 걸고 물 끓여 차 마실 준비를 하는데

물 끓는 소리는 맑은 강 소낙비 오는 소리
이 한 잔 차의 공능으로 탁한 지방질 씻노니
이제 나는 이 한적함으로 항상 즐거움 삼는다
어찌 왼쪽으로 서려 있는 기영미(箕穎尾)를 얻어서
풍로에 차 다리며 서호 선생처럼 지낼꼬.

차연팽전(茶碾烹煎)

風爐小鼎不須催
魚眼長隨蟹眼來
深注寒泉收第一
亦防枵腹爆乾雷

풍로 위에 적은 솥 없고 천천히 차물 끓인다
고기눈 기포 생기더니 게눈 생기네
차를 다림은 이 찬 샘이 제일 좋으니
기갈만 면해 줌이 아니라 쪼르륵 소리까지 가시네.

쌍정차(雙井茶)

人間風月不到處
天上玉堂森寶書
想見東坡舊居士(동파(東坡): 소식(蘇軾))
揮毫百斛瀉明珠
我家江南摘雲腴
落磑霏霏雪不如
爲君喚起黃州夢
獨載扁舟向五湖

인간의 풍월이 이르지 못하는 곳
천상의 옥당 같은 곳에 보서가 가득하네
예전 동파 거사를 회상해 보니
그 숱한 글씨 밝은 구슬 토해 놓은 듯
내 사는 곳 강남에는 운윤차를 따다가
맷돌에 갈 적에 허옇게 흩어지는 게 눈 오는 것 같지 않았나
그대여, 황주의 꿈 생각해 보며
조각배 띄우고 오호에 가지 않으려나.

그대 왜 그런지 궁금한가

인간만사 새옹지마(塞翁之馬)란 말이 있다. 지금의 나쁜 것이 장래에는 오히려 복이 될 수도 있다는 말이다.

예전에 당대의 명의 소리를 듣는 의사가 있었다. 노모가 계셨는데 제자들이 보니까 남의 병은 잘 보면서 정작 자기의 모친이 해소병으로 늘 콜록거리며 기침을 하고 고생을 해도 어찌 된 일인지 손을 안 쓰는 것이었다.

그래서 선생님이 어디로 오랫동안 출타하면

병은 내가 고쳐드려야지 하고 한 제자가 벼르고 있었다.
 어느 날 선생님이 먼 곳에 볼 일이 있어 출타하고 난 뒤 제자가 할머니의 약을 다려드리기 시작하여 선생님이 오시기 전에 해소병은 깨끗이 치료가 되었다.
 그 의사가 와서 보니 어머님의 지병인 해소병이 깨끗이 완치가 된 것이 아닌가.
 의사가 대성통곡을 하며 "어머님을 더 오래 모시고 살려 했더니 이렇게 되었구나!" 하며 탄식을 하는 것이다.
 처음부터 그 의사가 노모의 병을 치료를 못 해서 안 한 것이 아니라 노모의 체질에 해소를 치료하고 나면 딴 병이 발작을 해서, 방편으로 그러고 있었던 것이다. 과연 노모는 몇 달밖에 살지 못하고 돌아가셨다.
 이 이야기를 누구에게 들려주었더니 꼭 그런 현상이 우리 누님께도 일어났다며, 자기 누님께서 삼십여 년을 해소로 고생해 오다가 중국 침술사에게 한 달 간 치료받고 완치를 했는데 거기서 탈이 났다는 것이다. 병마에 시달리다가 거기서 해방이 되니 우선 그 동안 통제받던 음식물을 원없이 실컷 먹고 오만 곳을 유람 다니고 하다가 위암에 걸려서 세상을 하직하였다 한다.
 고락이 상반되는 이 사바세계, 자기의 분수에 해당되는 복은 얼마나 아껴야 되는 것인지……. 검소하고 절박하게 살며 남에게 헌신하며 몇 막 몇 장의 연극무대와 같은 이 세상을 정말 보람되게 살아야 되지 않겠는가!

부처님 당시의 일이다.

어느 날 사리불(舍利佛)이 성으로 들어가다가 성에서 나오는 월상녀(月上女)를 만났다.

"어디를 가는가?"

"나는 사리불님처럼 그렇게 갑니다."

"나는 성으로 들어가고 그대는 성에서 나오는데 어째서 나처럼 간다고 하는가?"

"부처님의 제자들은 어디에 머무십니까?"

"부처님의 제자들은 큰 열반에 머무른다."

이에 월상녀가 말하되,

"부처님의 제자들이 열반에 머물렀으므로 나도 사리불님처럼 그렇게 갑니다."

고존숙(古尊宿)이 말하기를,

"누군가가 사리불과 월상녀의 가는 곳을 알면 십이시 동안 일체 행동이 부처님의 큰 열반에 머무르지 않는 것이 없겠지만, 만일 알지 못한다면 업식(業識)이 아득해서 의거할 근본이 없게 되리라."

이 이야기는 삼천 년 전 부처님 당시의 일인데 굳이 그 옛날을 들먹일 것도 없이 지금 우리의 일상생활에서 오고 가는 것을 착안해 볼 일이다. 일기일경(一機一境). 한 동작 한 낌새에서 만고의 대광명이 그렇게 밝은데 다만 알량한 분별업식에 가리워져 있는 것이다.

結廬在人境
而無車馬喧
問君何能爾
心遠地自偏
東籬採菊花
悠然見南山
山氣日夕佳
飛鳥相與還
此中有眞意
欲辯己忘言

집이 시장통에 있으나
차와 말의 시끄러움 없네
그대 왜 그런지 궁금한가
마음이 멀어져 있으면 궁벽한
산골인 것을

동쪽 울타리에서 국화를 따다가
하염없이 남산을 바라본다
산기운은 조석으로 고와지고
새떼들 날아드네
이 가운데 참뜻이사
말하고자 하나 이미 말을 잊었노라.

친숙한 정도로 낯익은 도연명(陶淵明)의 글이다. 마음이 모든 것에서 멀리 떠나 있으면 북적거리는 시장통에 살아도 자연 궁벽한 산골이라는 말. 음미해 보면 볼수록 금쪽 같은 말이다.

많이 알고, 많이 듣고, 그리고 착하게 살고 진리를 탐구하며 신행(信行)을 열심히 하기는 하는데 어째서 늘 그날이 그날이고 특별한 진취가 없는가?

마음 한 구석에 근본적으로 세속적인 명리는 그대로 쌓아 두고 열심히 한들 무슨 진취가 있겠는가?

위주(韋宙)라는 이가 위산(僞山)에게 게송을 하나 써 달라고 하니 위산이 말했다.

"얼굴을 마주 보고 일러주어도 모르는 둔한 사람에게 하물며 종이나 먹으로 형용할 수 있으랴!"

그가 다시 앙산(仰山)에게 가서 청하자 앙산이 종이에다 원상(圓相)을 그려놓고 주(註)를 달기를,

    思而知之 落第二頭
    不思而之 落第三首

    생각으로 알려하면 둘째에 떨어지고
    생각하지 않으면 셋째에 떨어진다.

보는 것을 받아들이는가

 부처님 당시에 한 범지(梵志 : 수행하는 사람)가 있었다. 손톱 깎을 여가도 없이 학문에 힘을 쓰니 손톱이 너무 길어서 이름을 장조범지(長爪梵志)라 불렀다.
 이 사람이 부처님께 여쭙기를,
 "종의(宗義)를 세워 부처님과 토론코자 하오니 제가 세운 뜻이 부처님께 지게 되면 머리를 베어 바치겠습니다."
 범지가 자기의 공부한 바를 걸고 부처님과 한판 승부를 겨루자는 것이다. 만약에 지면 자기의 목숨을 바칠 각오가 서 있고, 이긴다면 사생(四生)의 자부(慈父)이며 삼계(三界)의 대도사(大導師)이신 부처님보다 자기의 공부가 더 낫다는 것이다. 부처님께서 먼저 물으셨다.
 "너의 의지(義旨)는 무엇으로 종지(宗旨)를 삼느냐?"
 "예, 저의 의지(義旨)는 일체를 받아들이지 않는 것으로 종지를 삼습니다."

"그렇다면 보는 것을 받아들이느냐 받아들이지 않느냐?"

범지는 부처님의 이 말씀을 듣고 불쾌함을 못 이긴다는 듯이 소매를 떨치고 나가버렸다.

범지가 한참 가다가 자기의 잘못을 뉘우치고 제자들에게 말하기를,

"내가 마땅히 돌아가서 부처님께 머리를 베어 사례하리라." 하니,

제자들이 말하기를,

"스승님께서는 인천(人天) 대중 앞에 마땅히 이기셨거늘 어찌 이제 머리를 벤다고 하십니까?"

범지가 말하기를,

"내가 차라리 지혜 있는 사람들 앞에서 머리를 베일지언정 지혜 없는 사람에게 이긴 것이 되지 않으리라." 하고는 스스로 탄식하여 말하기를,

"나의 뜻이 두 곳으로 졌으니, 보는 것을 받아들인다 하면 지는 곳이 거칠고, 보는 것을 받아들이지 않는다 하면 지는 곳이 미세하니, 모든 인천(人天) 이승(二乘)은 내가 진 곳을 알지 못하려니와 오직 부처님과 모든 보살들은 내가 진 것을 알지로다." 하고는 부처님 처소에 이르러 여쭈되,

"저의 의지(義旨)가 두 곳으로 졌사오니 마땅히 머리를 베어 사례하고자 합니다."

　부처님께서 말씀하시되,
　"나의 법 가운데는 이와 같은 일이 없으니 네가 마땅히 마음을 돌이켜 출가하여 도를 배워라." 하시니 범지가 500명의 제자를 거느리고 출가하여 성과(聖果)를 증득하였다 한다.
　천의(天衣) 회(懷) 스님이 여기에 게송을 달았다.

　　是見若受破家門
　　是見不受共誰論
　　扁擔鷲折兩頭脫
　　一毛頭上見乾坤

　　보는 것을 받아들인다면 가문이 파괴되고
　　보는 것을 받아들이지 않는다면 누구와 말하랴

짐지는 막대가 부러져 양쪽을 벗어버리니
　　한 터럭 위에서 건곤을 본다.

　장조범지는 자기의 뜻이 두 곳으로 졌다고 하여 탄식했다.
　보는 것을 받아들인다면 지는 곳이 거칠다고 하였는데, 왜냐하면 자기가 세운 의지가 없어지기 때문이다. 또 보는 것을 받아들이지 않는다고 하면 겉으로는 자기의 주장으로 되었기 때문에 이긴 듯한데 어째서 그렇게 주장하지 못하고 목을 내밀었을까? 공부할 것이 너무나 많은 이 세상살이, 그것은 깊고 푸른 심연의 진리 세계인 것이다.
　보는 것을 받아들이지 않는다는 이 범지는 무조건 한쪽에 치우쳐 있는 외도(外道) 가운데 단견(斷見) 외도인 것이다.

시간을 헛되이 보내지 말라

내가 출가하던 50년대 말에는 빈대가 참으로 많아서 간혹 낮잠을 잘 때면 빈대가 퇴침에서 기어나와 물지 않으면 천정에서 떨어져서 무는데, 빈대에게 물리면 따끔거릴 뿐만 아니라 빈대 특유의 비린내까지 코로 스민다. 안 물려본 사람은 모른다.

경봉 스님께서 반평생을 넘게 기거하시던 삼소굴 벽에 오랫동안 걸려 있어 빈대 똥까지 드문드문 묻어 있는 좌우명이 있다.

다음은 우리 큰 스님의 좌우명이다.

五六四三不得類
豈疼一二實難窮
幾般雲色出峰頂
一樣溪聲落檻前

愛嗔不愛喜
大用不揚眉
夜半三更見燭舞
(談話人十分以內言之)

5, 6, 4, 3 등의 산만한 숫자가
어찌 1, 2의 실로 다하기 어려움과 같겠는가
몇 줄기 구름빛은 산봉우리로 피어오르고
시냇물 소리는 난간에서 들린다
고운 것은 미워하고 싫은 것은 즐거워하도록 노력하련다
큰 활용은 미간조차 꿈쩍 않는 것
야반삼경에 촛불 춤을 불지어다.
(할 말이 있는 이는 10분 이내로 하고 나가도록)

　　나는 스님을 시봉하면서 하루에도 몇 차례씩 이 좌우명과 마주치게 되었는데, 그때마다 헤이해지는 마음의 고삐를 다잡게 만드는 것은, 맨 아래 괄호하고 덧붙여 놓은 '할 말이 있는 이는 십 분 이내로 하고 나가' 라는 말이었다.
　　큰 스님께서는 언제나 느긋하신 것 같아도 이렇게 시간을 아끼셨다.
　　석두화상(石頭和尙) 참동계(參同契)의 끝구절에도 이런 말이 있다.

　　謹白 玄人

光陰莫虛度

삼가 참선하는 분들게 권하노니
세월을 헛되이 보내지 말게나.

두 분 노장님들 말씀이 정신을 번쩍 들게 한다.
도대체 시간을 허비하고는 아무것도 못 해낸다. 무엇을 하는 사람이든 시간을 아까워해야겠다.

스님의 좌우명에서 보듯 역시 인성(人性)에 있어서 가장 큰 일은 애증의 갈등인가 보다. 애증, 미추, 선악 등 이변견(二邊見)의 양극단에서 완전히 자유자재하여 미세조장(微細組障)까지 사라진 경지를 선문에서는 흰 연꽃에 비유한다.
신심명(信心銘)의 승찬(僧璨) 스님도 이렇게 설했다.

至道無難
唯嫌揀擇
但莫憎愛
洞然明白

지극한 도는 어려울 것이 없으니
오직 꺼리는 것은 간택하는 일뿐이다
다만 미워하고 고와함만 없으면
훤칠하게 명백하리라.

다만 미워하고 고와함만 없으면 훤칠하게 명명백백한 도인이 된다고 하였다.

부처님께서도 사랑하고 미워하여 취하고 버리는, 증애취사(憎愛取捨)하는 마음이 없어지면 평등성지(平等性智)를 얻는다고 하셨다. 그리고 이 증애취사의 양극단으로 치닫지 않으면 모든 병이 없어진다고 하셨다.

20여 년 전 겨울의 일이다. 안거 중에 나는 아우가 신병으로 요절했다는 소식을 들었다. 그때 나는 속세의 인연을 끊고 행운유수로 돌아다니면서 보살펴주어야 할 동기간의 책임을 등한시했기 때문이라는 슬픔과 거기에 동반한 죄책감에 가슴이 터질 것만 같아, 안거도 채우지 못하고 흡사 중음신(中陰身 : 사람이 죽어서 다음에 환생하기까지 떠도는 정신의 몸)처럼 여기저기 떠돌아다녔다.

취사선택과 애증의 갈등을 없이 하라는 말은 수행이 모자라는 보통 중생에게는 흡사 지상에서 땅을 붙이지 말고 살라는 신기루와도 같은 말이다.

하지만 그곳을 향해 가는 것이 싯다르타 태자나 선재동자의 이정표요, 모든 수행인들의 취향(趣向)이며 구경(究竟)인 것이다.

한용운 스님과 심우장

경봉 스님께서는 22세 때 통도사 강원에서 화엄을 수학하셨는데 여기서 한용운(韓龍雲) 스님과의 인연이 시작되었다. 내가 시자 때 스님은 종종 한용운 스님 얘기를 들려주셨다.

한번은 만해 화상께서 '월남 망국사'를 강의하다가 도중에 울음을 터뜨리시더란다. 월남과 우리나라 처지가 비슷하다는 생각에 감정이 복받쳤던 것이다.

그뒤 시베리아 여행 도중 첩자로 오인을 받고 머리에 총을 맞아 그 후유증으로 머리를 흔들어대 사진 찍기가 어려웠던 이야기며, 심우장(尋牛莊)에 칩거하실 때 총독부가 보기 싫어 북향으로 집을 지은 사연, 구하(九河) 노사님과 함께 심우장을 가끔 방문하면 찬이 없는 밥을 대접하는 것이 미안하다며 "내가 지금이라도 한 생각 고쳐 먹으면 대접을 잘 할 수 있는데."라는 농담을 하시던 일

등등.

시자 때 그런 이야기를 듣던 때가 어제 같은데, 세월이 너무나 무상하여 반세기 가까이나 흘러버렸다.

경봉 스님과 한용운 화상과의 문답이 있어 소개한다.

심우장 목부 화상과 달밤의 문답

경성부 성북정 222번지 초가집이 한 칸 있으니 한용운 화상이 수도하는 곳이다. 집 이름은 심우장이라 하고 화상의 호를 목부(牧夫)라 하기에 내가 말하기를 "심우장 목부 화상이여, 어느 날 어느 때에 소를 잃었는가. 호를 '목부'라 하였으니 소를 얻어 기르는 것이 분명한데 집을 심우장이라 하였으니 소를 잃은 것도 분명하구나. 만약 본래 잃지 않았다면 무엇 때문에 소를 찾는다 하며, 또 만약 소를 잃었다면 어떻게 소를 먹인다 할 수 있겠는가. 심우장 목부 화상이여, 바로 이러한 때를 당해서 지금 소를 찾고 있는가, 소를 먹이고 있는가, 소를 찾고 먹이는 것을 함께 잊었는가. 심우장 목부 화상이여, 삼각산이 높고 높아 첩첩하여 높은 봉우리는 높고, 낮은 봉우리는 낮아 바람은 소슬하고 물은 차디 찬데 알겠는가? 바라옵건대 일구를 보내주시오.

한용운 화상의 답

毛角曾未生
何有得與喪
牧牛還多事
漫築尋牛莊

털과 뿔이 나지도 않았는데
어찌 얻고 잃음이 있겠소
목부가 일이 많아서
부질없어 심우장을 지었네.

나의 답

牧夫 多役事
司賞一杯茶

목부가 일이 많다 하니
차 한잔 드시구려.

경봉 스님과 장지연 선생

　경봉 노사께서 26세 되던 때(1917년) 마산에서 잠시 포교사로 계신 적이 있었다. 그곳에서 장지연(張志淵) 선생을 만나 교류가 있었다.
　다 아시다시피 장지연 선생이라 하면 조선시대 말엽 〈황성신문〉 사장을 하면서, 을사보호 조약 때 「시일야방성대곡(是日也放聲大哭)」이라는 글을 써 비분 강개한 분으로 너무나 유명하다.
　왜경에게 너무나 혹독하고 모진 고문을 당해서 대낮에도 책상 위에 촛불을 켜놓고 멍하니 바라보고 있지 않으면, 등불을 켜들고 다니셨다고 스님께서 그때의 일들을 말씀해 주신 적이 있다.
　개화기에 한창 민족의 사상을 주도하셨던 우국지사이신 선생의 호는 위암(韋庵), 또는 숭양산인(崇陽山人)이라 불렀다.

위암 선생이 경봉 스님께 보낸 편지가 있다.

그립던 중 경장(瓊掌)을 보내주시니 마치 천화(天花)가 어지러이 내리는 듯해서 입에 향기가 나도록 읊조리고 외임을 마지 않았습니다.

생도 또한 근일에 시문(詩文)에 뜻은 두었지만 더위에 곤뇌함을 당하여 땀을 훔치기 바빠서 시구를 이루지 못하였습니다. 이제 스님의 운에 의지해서 시원치 않은 글이나마 지어 보내니 양해하십시오.

삼복 더위에 법체 청안하십시오.

다음은 두 분이 서로 서로 지어 화답한 내용이다.

장지연 거사 원운(元韻)

合浦城西鶴嶺秋
敎堂高處敞禪樓
樹稍遠舶煙中出
天際群峰水上浮
燈逐香殘僧獨定
梵淸鍾偈夢初收
也知滿滿東方月

遍照曇花五大洲

합포성 서편 학령엔 가을이 물들고
포교당 높은 곳 선정이 깊네
숲 사이로 돛단배는 연기 속에 아물아물
하늘가 산봉우리는 물 위에 비치네
깜박이는 등불, 어리는 향 연기에
스님은 선정삼매
범종 소리 그치자 꿈에서 깨어났네
둥글고 둥근 동방의 밝은 달
우담화 피듯 오대주 두루 비추소.

이에 경봉 노사께서는 이렇게 화답하셨다.

경봉 노사 차운(次雲)

優曇花發幾春秋
晚度蒼生警世樓
獅吼巖前靑峰立
龍吟海上白雲浮
寶鋒璨爛心無怖
慧月玲瓏興未收
誰在滔天浪裡返
金烏夜半下長洲

우담화 꽃 핀지 그 몇 해인가

창생을 제도하며 세상을 경계하네
사자후 토하는 바위 앞에 푸른 뫼 우뚝하고
용트림하는 바다 위에 흰 구름 떴네
보배 칼날 찬란하니 두려움 없고
지혜달 영롱하니 흥이 겨웁네
하늘같이 높은 파도 뉘라서 헤쳐나오나
야삼경 금까마귀 강가에 내려오네.

그후 스님은 마산 포교당에서 임기가 만료되어 내원암으로 옮겨가시게 되었는데, 이때 스님께서는 장지연 선생에게 시 한 수를 지어 보내자 장지연 선생 역시 전별송을 지어 보냈다.

경봉 노사 원운(元韻)

報恩一塔衆人誠
記念千秋感此情
關樹留雲同贈別
氣車催路獨堪行
來時初對春風好
去後相思海月明
佛地樹功多蔭德
相傳口碣不朽名

보은의 탑 많은 사람 정성으로 이루어
천추만대 기념하는 그 뜻 감격하네

관수의 구름도 이별을 아쉬워하는 듯
기차는 재촉한다만 나 홀로 어이 가리
올 때는 봄바람이 좋더니
떠난 뒤 바다의 달처럼 서로 생각하네
불법에 공덕 심으면 음덕 쌓이는 것
서로 전하는 입비석에 그 이름들 영원하리.

장지연 거사의 전별송

　鏡峰禪師 通度之尊師也 其性端雅 其學鍊博 能詩善筆 愛從儒家 者游 盖惠遠靈澈之流匹也 來住馬山之布敎堂 說法持戒一切檀徒男女 無不信仰 服戒 由是 發大願力 大慈悲心 倂力捨施 疊石成塔 藏經刻字 以紀念 師之 於 斯堂 其功德無量矣 男女淨信者 徒而益衆矣

　余亦愛師之 妙解 精進 圓慧 淸淡 臨席聽 講已有年 今當期滿將移錫干 梁之內阮庵 師以近體一篇 表余以情 余固知山 人甁鉢如 浮雲流水 無住無 着 無去無來然於其行 不能無黯然之情 況 師旣先投瓊章故 於其韻二贈之

　岌岌功塔表精誠
　石面卍書信有情
　每喜拈花臨法會
　不期飛錫入山行
　嶺雲遠逗靈峰䨺
　海月長留寶鏡明
　來藏林間朱苺熟
　舊游岩上更題名

경봉 선사는 통도사의 큰 스님이다. 그의 성품은 단아하고 학식은 해박하여 시 잘 짓고 글씨 잘 쓰며 유가의 선비들과 잘 어울리니 대개 혜원과 영철 같은 분이다. 마산 포교당에 와 머물면서 설법하고 계행을 지니니 모든 선남 선녀 신도들이 신앙하고 귀의하여 계를 받지 않는 이가 없었다.

큰 원력과 큰 자비심을 일으켜 심력을 기울려 기쁘게 보시하면서 돌을 쌓아 탑을 만들며 장경를 각하여서 기렵하였다.

이 포교당에서 스님의 공덕은 헤아릴 수가 없다 하겠으며 선남 선녀들의 정신(淨信)하는 이가 더욱 많아졌다.

나 또한 스님의 오묘한 견해와 정진, 그리고 원만하면서도 맑고 담박함을 좋아해서 법석에 임하여 법문을 들은 지 여러 해가 되었다.

이제 스님께서 만기가 되어 장차 양산의 내원암으로 옮기어 주석게 되니 스님께서 몸소 시 한 편을 지어 내게 정의를 표하였다.

내가 알기로는 산승의 병과 발우는 뜬 구름과 흐르는 물 같아서 머무름도 없고 집착함도 없고 가는 것도 없고 오는 것도 없는 것이다. 그러나 그가 가는데 어찌 서글픈 정이 없으랴.

더구나 스님께서 먼저 경장을 주었음에 이에 그 운으로써 화증(和贈)하노라.

높고 높은 공덕탑은 정성을 표현했고
석면에 장경 새김 믿음의 뜻이 있네
염화설법 늘 즐거워 법회에 임했는데
뜻밖에도 석장 날려 산으로 들어가네
재너머 구름은 멀리 영축산까지 어두운데
바다달은 뜻이 있어 보배 거울처럼 비추네
내년에 숲속에 딸기 익으면
예 놀던 바위 위에 다시 이름 써보세.

지금은 아무리 친한 사이라도 전화로 안부를 묻고 끝내는데 친하게 지내다가 헤어질 때는 이렇게 전별사와 전별송까지 지어주는 풍습은 반세기 전까지 이어져 왔었다. 너무나 쉽게 사라진 우리의 얼과 풍습들이다.
 도대체 우리의 정신 문화의 틀을 어디서 찾아야 하는지, 그리고 우리들의 먼 자손들에게는 전하여 줄 것이 무엇인지, 있는지 없는지 정말 난감한 일이다.

달마 대사의 생애와 사상

달마 스님(?-528년)은 중국 선종의 초조(初祖)이며 서천(西天, 인도) 28조이다. 남인도 향지국(香至國) 왕의 셋째 아들로 본명은 '보가다라'였으나 뒤에 '보리달마(菩提達摩)'로 고쳤다.

처음 반야다라에게 도를 배우며 40년 동안 섬기다가 반야다라가 죽은 뒤에 본국에서 크게 교화하여 당시 성행하던 소승 선관의 6종을 굴복시킴에 그 이름이 인도에 퍼졌다. 뒤에 그의 조카 이견왕을 교화하였다.

중국에 대승의 근기가 있음을 보고 배를 타고 중국으로 향하여 520년(양나라 보통 1년) 9월에 광주 남해군에 이르렀다. 10월에 광주자사 소앙의 소개로 금릉에 가서 궁중에서 무제를 만났다.

무제가 대사에게 물었다.

"짐이 왕위에 오른 이래 절을 짓고 경을 쓰고 스님들께

공양한 일이 셀 수 없이 많은데 어떤 공덕이 있소?"
대사가 대답했다.
"아무런 공덕이 없습니다."
"어찌하여 공덕이 없소?"
"이는 인간과 하늘의 작은 결과를 받는 유루의 원인일 뿐이니, 마치 그림자가 형상을 따르는 것 같아서 있는 듯하나 실재가 아닙니다."
"어떤 것이 공덕입니까?"
"청정한 지혜는 묘하고 원만하여 본체가 비고 고요하니 이러한 공덕은 세상법으로 구하지 못합니다."
무제가 다시 물었다.
"어떤 것이 거룩한 진리의 첫째 가는 뜻입니까?"
"텅 비어 성스럽다 할 것도 없습니다."
"그러면 짐을 대하고 있는 이는 누구요?"

"모르겠소."

달마는 무제와의 기연이 맞지 않자 낙양으로 가서 숭산 소림사에 있으면서 매일 벽을 향해 앉아 좌선만 하였다. 그래서 세상에서는 '벽관바라문'이라 불렀다.

양무제가 그뒤에 달마 스님 생각이 나서 지공에게 물으니 지공이 말하기를,

"폐하는 그분을 아십니까?"

"모르겠소."

"그분은 관음 대사이시며, 부처님의 심인을 전하는 분이십니다."

무제가 후회하여 칙사를 보내서 맞이하려 하자,

"폐하께서는 칙사를 보내어 모셔오려 하지 마십시오. 설사 온 나라 사람들이 모두 가더라도 그분은 돌아오지 않을 것입니다."

이락에 있던 신광이 달마의 풍성을 사모하고 찾아와 밤새도록 눈을 맞으며 밖에 서 있다가 팔을 끊어 구도의 정성을 표하매, 드디어 곁에서 시봉하도록 허락하고 혜가라는 이름을 지어주었다.

효명제는 달마의 이적을 듣고 크게 경앙하며 마랍의가사 2벌, 금발우, 은병, 비단 등을 보내기도 했다. 소림사에서 9년 동안 있다가 혜가에게 깊고 비밀스러운 종취와 가사, 부처님 발우, 『능가경』을 전하고 우문의 천성사로 갔다가 영안 1년 10월 5일 열반했다.

달마가 서쪽에서 온 뜻, 즉 '조사서래의'란 물음은 불법의 가장 핵심적인 질문이다. 그래서 선문에서는 "어떤 것이 '조사서래'입니까?"라는 질문이 무수히 등장한다.
 수염이 덥수룩하게 난 달마는 선화의 주역이고, 달마를 찬탄하는 시는 선의 모든 깊이와 아름다움을 담고 있는 선의 모든 것이며, 우리를 구원해 줄 수 있는 생명의 소리이다.
 자, 그러면 거기가 얼마나 깊은 곳인가.

■ 발문
차(茶)의 맛, 선(禪)의 맛

　지금부터 20년 전.
　나는 선시(禪詩) 서문을 받으러 극락암의 경봉(鏡峰) 노스님을 찾아간 일이 있었다. 고색창연한 암자에 들어서자 큰 바위덩이 같은 느낌을 주는 중이 나를 맞았다.
　그는 찾아온 내 용건을 듣더니 좀 기다리라면서 한 잔의 작설차를 권했다.
　결국 그의 배려로 경봉 노스님의 모지랑붓으로 쓴 선시(禪詩) 서문(序文)을 받을 수 있었고 이것이 인연이 되어 그후로 나는 고향집처럼 극락암을 찾아가곤 했다. 그럴 때면 으레히 그 큰 바위덩이 같은 느낌을 주는 중이 나를 맞아주었는데 그가 바로 경봉 노스님의 큰 제자 명정(明正)이었다.
　명정은 언뜻 보기엔 좀 무뚝뚝한 바위처럼 보인다. 그러나 그의 마음씨는 전혀 그렇지 않다. 그로부터 20년이 지난 지금까지 스승(경봉 스님)을 향한 그의 마음은 전혀 퇴색되지 않고 있다.
　5년에 한 번, 아니 10년에 한 번 전화를 해봐도 명정의 말투는 역시 그대로이다.
　"어이 날세, 극락이다."
　무뚝뚝하기 이를 데 없는 그의 경상도 사투리 속에는 그렇게 다정함이 깃들어 있을 수가 없었다.

그리고 그는 앉기만 하면 큰 주발에 그것도 아주 짜게 작설차를 마시곤 했다. 그래서인가 20년이 지난 지금도 때때로 내 기억 속에는 큰 주발에 차를 마시는 마조도일(馬祖道一) 선사 같은 그의 모습이 경봉 노스님을 배경으로 고향집처럼 아련하게 떠오르고 있는 것이다.
　경봉 노스님이 입적하신 뒤 명정은 노스님의 문집을 모아 정리한 다음 여러 권의 책으로 발간했고 또 유품들을 모아 조그만 노스님 유영실(遺影室)도 만들었다.
　그는 이처럼 요즈음 세상에서는 좀처럼 보기 드문 효자(孝子)다. 아니 여자로 태어났더라면 그는 틀림없이 열녀나 효부가 되었을 것이다. 이런 그가, 지금껏 그저 묵묵히 참선만 하면서 살아가고 있던 그가, 세인(世人)들의 성화에 못 이겨 틈틈이 토막글들을 써서 여기 한 권의 책으로 묶게 되었다.
　우리는 곧잘 "차와 선은 한 가지 맛〔茶禪一味〕"이라고 한다. 그러나 정작 그 깊은 뜻을 제대로 아는 사람은 많지 않다. 여기 명정의 글 속에는 고요한 밤, 홀로 앉아 마시는 차인(茶人)의 차맛이 있고, 구름따라 물따라 정처없이 떠도는 납자(衲子 : 참선하는 선승)의 외로움과 걸림 없는 선의 경지가 있다.
　진정한 차맛〔茶味〕이 무엇인지, 그리고 선의 깊은 맛이 무엇인지를 알고자 한다면(禪은 이해한다고 해서 알 수 있는 것은 아니지만 …….), 여기 명정의 글을 읽기 바란다.
　따라서 명정의 글은 글쟁이들의 틀에 박힌 글과는 그 격이 다르다.

그리고 상업주의와 영합하여 베스트셀러나 만들려는 얄팍한 수필류와도 전혀 다르다. 그의 글 속에는 서툴지만 인생을 갈구하는 진지한 눈이 있고, 저 외길 가는 구도자의 아픔이 있고, 홀로 차를 마시는 차 사내〔茶人〕의 텅 빈 마음이 있다. 그리고 펄펄 끓는 용광로 속에서 한 번 크게 죽었다가 다시 살아나는 선승의 예지가 있다.
  누가 감동하지 않을 수 있겠는가, 소박하고 간절한 이 문장 앞에서, 아무런 가식이 없는 이 운수납자(雲水衲者)의 서툰 글 앞에서, 겉으로는 무뚝뚝하지만 안으로는 간절하고 여전히 순진 무구한 마음 앞에서.. 아! 누가 감동하지 않을 수 있단 말인가!
  요즘같이 상업주의와 영합한 날림글들이 판을 치고 있는 세상에서 명정의 글을 읽을 수 있다는 것은 그것만으로도 큰 축복이 아닐 수 없다.
  여기 명정이 언제나 그의 허리춤에 차고 다니는 한 귀절이 있다.
  "어느 한 곳에 미쳐봐라〔莫神一好〕. 정말 확 미쳐버리는 그것보다 더 신명나는 일이 어디 있단 말인가."

白練去室에서
석지현